Conoce todo sobre SEO
Curso práctico

Cómo conseguir visitas a tu web con posicionamiento en buscadores

Conoce todo sobre SEO
Curso práctico

Cómo conseguir visitas a tu web
con posicionamiento en buscadores

Diego C. Martín

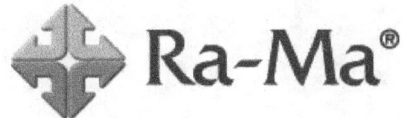

La ley prohíbe fotocopiar este libro

Conoce todo sobre SEO. Curso práctico
© Diego C. Martín
© De la edición: Ra-Ma 2018
© De la edición: ABG Colecciones 2020

MARCAS COMERCIALES. Las designaciones utilizadas por las empresas para distinguir sus productos (hardware, software, sistemas operativos, etc.) suelen ser marcas registradas. RA-MA ha intentado a lo largo de este libro distinguir las marcas comerciales de los términos descriptivos, siguiendo el estilo que utiliza el fabricante, sin intención de infringir la marca y solo en beneficio del propietario de la misma. Los datos de los ejemplos y pantallas son ficticios a no ser que se especifique lo contrario.

RA-MA es marca comercial registrada.

Se ha puesto el máximo empeño en ofrecer al lector una información completa y precisa. Sin embargo, RA-MA Editorial no asume ninguna responsabilidad derivada de su uso ni tampoco de cualquier violación de patentes ni otros derechos de terceras partes que pudieran ocurrir. Esta publicación tiene por objeto proporcionar unos conocimientos precisos y acreditados sobre el tema tratado. Su venta no supone para el editor ninguna forma de asistencia legal, administrativa o de ningún otro tipo. En caso de precisarse asesoría legal u otra forma de ayuda experta, deben buscarse los servicios de un profesional competente.

Reservados todos los derechos de publicación en cualquier idioma.

Según lo dispuesto en el Código Penal vigente, ninguna parte de este libro puede ser reproducida, grabada en sistema de almacenamiento o transmitida en forma alguna ni por cualquier procedimiento, ya sea electrónico, mecánico, reprográfico, magnético o cualquier otro sin autorización previa y por escrito de RA-MA; su contenido está protegido por la ley vigente, que establece penas de prisión y/o multas a quienes, intencionadamente, reprodujeren o plagiaren, en todo o en parte, una obra literaria, artística o científica.

Editado por:
RA-MA Editorial
Madrid, España
Código para acceder al contenido en línea: 9788499647272

Colección American Book Group - Negocios y Empresa - Volumen 2.
ISBN No. 978-168-165-702-8
Biblioteca del Congreso de los Estados Unidos de América: Número de control 2019934915
www.americanbookgroup.com/publishing.php

Maquetación: Antonio García Tomé
Diseño de portada: Antonio García Tomé
Arte: Pikisuperstar / Freepik

*A Maribel,
por su empuje incorruptible*

ÍNDICE

AGRADECIMIENTOS 13
INTRODUCCIÓN 17
    ¿A QUIÉN PUEDE SER ÚTIL ESTE LIBRO? 17
    UN REGALO PARA MIS LECTORES 18
    ¿CÓMO ESTÁ ESTRUCTURADO ESTE LIBRO? 18
    ¿DE QUÉ VOY A HABLAR EN ESTE LIBRO? 19
CAPÍTULO 1. ¿QUÉ ES EL SEO Y CÓMO FUNCIONA? 21
    1.1   CONCEPTOS DE RELEVANCIA Y AUTORIDAD 21
            1.1.1   Relevancia 22
            1.1.2   Autoridad 23
    1.2   LAS SERP 25
            1.2.1   ¿Cómo funciona un motor de búsqueda como Google? 29
    1.3   QUÉ ESPERAR SOBRE SEO 30
    1.4   DEBEMOS TENER UNA ESTRATEGIA Y DETERMINAR A QUIÉN NOS DIRIGIMOS. 31
    1.5   SEO Y EL MARKETING ONLINE 32
            1.5.1   Canales que forman parte del marketing online 32
            1.5.2   Clasificación de canales por tipo 34
            1.5.3   Áreas de trabajo 34
            1.5.4   Elaborar la estrategia de medios digitales 40
    1.6   CASO REAL EN GRATTIFY. CÓMO UN PEQUEÑO CAMBIO PUEDE AFECTAR TANTO 41
    EJERCICIO PROPUESTO CAPÍTULO 1 43
    CUESTIONES CAPÍTULO 1 43
CAPÍTULO 2. ANÁLISIS DE PALABRAS CLAVE 45
    2.1   LA NECESIDAD DE UN PLAN 45
            2.1.1   KW vs término de búsqueda 45

2.2 CÓMO INVESTIGAR PALABRAS CLAVE 46
    2.2.1 La larga cola 47
2.3 HERRAMIENTAS PARA ANALIZAR PALABRAS CLAVE 49
    2.3.1 Sugerencias de Google 49
    2.3.2 Búsquedas relacionadas de Google 50
    2.3.3 Número de resultados en la SERP de Google 51
    2.3.4 Google Trends 52
    2.3.5 Google Keyword Planner 53
    2.3.6 Otras herramientas 56
2.4 DISTRIBUCIÓN DE PALABRAS CLAVE 59
    2.4.1 Distribución por silos 61
EJERCICIO PROPUESTO CAPÍTULO 2 62
CUESTIONES CAPÍTULO 2 62

CAPÍTULO 3. ANÁLISIS DE LA COMPETENCIA 65
3.1 POR QUÉ HACER UN ESTUDIO DE COMPETIDORES Y SUS
    BENEFICIOS 65
3.2 COMPETIDORES ONLINE 66
3.3 EN QUÉ FIJARNOS Y HERRAMIENTAS PARA EL ANÁLISIS DE
    COMPETIDORES 68
    3.3.1 Primero el listado de competidores 68
    3.3.2 Analizar a los competidores 70
3.4 BONUS: DOMINIOS 78
    3.4.1 Conocer datos de registro de un dominio 79
    3.4.2 Conocer si un dominio se encuentra en listas negras 80
    3.4.3 Conocer el pasado de un dominio 81
EJERCICIO PROPUESTO CAPÍTULO 3 82
CUESTIONES CAPÍTULO 3 82

CAPÍTULO 4. CÓMO OPTIMIZAR LOS CONTENIDOS 85
4.1 SEO PARA TUS TEXTOS 85
    4.1.1 Uso de los editores visuales 86
    4.1.2 Encabezados 87
    4.1.3 Énfasis 89
    4.1.4 URL 89
    4.1.5 Herramientas para SEO on page (dentro de la página) 91
    4.1.6 Título SEO 91
    4.1.7 Descripción 92
4.2 SEO PARA TUS IMÁGENES 93
    4.2.1 Peso y dimensiones 94
    4.2.2 Título 97
    4.2.3 Nombre del archivo y URL 97
    4.2.4 Atributo alt 98

4.3	CÓMO OPTIMIZAR IMÁGENES	99
4.4	SEO PARA TUS VÍDEOS Y YOUTUBE	102
	4.4.1 Posicionarse en YouTube	103
	4.4.2 SEO en YouTube	104
4.5	SEO PARA TUS ENLACES	106
4.6	MARCADO ESTRUCTURADO	109
4.7	LA CALIDAD DEL CONTENIDO	113
	4.7.1 Texto que enganche	113
	4.7.2 Contenido original	115
	4.7.3 Longitud de los textos	116
	4.7.4 Densidad de palabras clave	117
	4.7.5 Distribución de palabras clave dentro del contenido de una página	117
	4.7.6 La guía de estilos	118
4.8	DEL LADO DE LOS SERVIDORES	119
	4.8.1 Cómo saber el estado de salud de tu web (o de la competencia)	121
	4.8.2 Cómo conseguir mejorar estos puntos	122
4.9	CASO REAL. CÓMO ALSA DOMINÓ EN SU SECTOR	122
	EJERCICIO PROPUESTO CAPÍTULO 4	125
	CUESTIONES CAPÍTULO 4	125

CAPÍTULO 5. CÓMO PLANIFICAR LOS CONTENIDOS 127

5.1	TANGIBILIZAR EL ESFUERZO. ESCRIBIR UN ARTÍCULO PARA SEO	127
5.2	CONTENIDO AUTOGENERADO	130
5.3	EL PLAN DE COMUNICACIÓN Y EL CALENDARIO EDITORIAL	132
	5.3.1 El plan de comunicación	132
5.4	PROTOCOLO POST PUBLICACIÓN	144
	EJERCICIO PROPUESTO CAPÍTULO 5	144
	CUESTIONES CAPÍTULO 5	145

CAPÍTULO 6. EL ADORABLE MUNDILLO DE LOS ENLACES 147

6.1	ESTRUCTURA DE ENLACES INTERNOS	147
	6.1.1 Estructura jerarquizada por categorías	148
	6.1.2 Cómo gestionar las categorías en Wordpress	150
	6.1.3 Categorías en Prestashop	152
6.2	BACKLINKS	153
	6.2.1 Google Penguin, el antes y el después del linkbuilding	154
	6.2.2 El backlink de calidad	155
6.3	CÓMO HACER LINKBUILDING	157
	6.3.1 Conseguir enlaces pagando	157
	6.3.2 Enlaces gratis	158
6.4	SEGUIMIENTO Y ESTRATEGIA DE ENLACES	160

6.5   CASO REAL. UNA EMPRESA DE SERVICIOS PARA EL HOGAR 161
6.6   CASO REAL EN TURISMO RURAL 162
EJERCICIO PROPUESTO CAPÍTULO 6 164
CUESTIONES CAPÍTULO 6 164

CAPÍTULO 7. BÚSQUEDA LOCAL Y SEO MÓVIL 167
7.1   SERVICIOS IMPRESCINDIBLES DE GOOGLE PARA NEGOCIOS
        LOCALES 167
7.2   OTROS SERVICIOS DE GEO POSICIONAMIENTO 171
        7.2.1   ¿Cómo afectan al SEO? 172
        7.2.2   ¿Cómo logramos aparecer en los resultados geo localizados en una
                búsqueda normal en Google? 173
7.3   RESEÑAS, OPINIONES Y FEEDBACKS 173
        7.3.1   Moderación de reseñas 174
        7.3.2   Generación de reseñas 177
7.4   SEO Y LOS DISPOSITIVOS MÓVILES 179
EJERCICIO PROPUESTO CAPÍTULO 7 181
CUESTIONES CAPÍTULO 7 181

CAPÍTULO 8. AÚN MÁS HERRAMIENTAS 183
8.1   LAS INDISPENSABLES DE GOOGLE 183
        8.1.1   Google Analytics 183
        8.1.2   Google Search Console 190
8.2   SUITES COMPLETAS PARA EL SEO DE TU WEB 197
        8.2.1   SemRush 197
        8.2.2   SerpStat 197
8.3   OTRAS HERRAMIENTAS ESPECÍFICAS QUE TE HARÁN A VIDA MÁS
        FÁCIL 198
        8.3.1   Yoast SEO 198
        8.3.2   Web Text Tool 199
        8.3.3   Rankbox 200
        8.3.4   SEO Quake 201
8.4   CONCLUSIÓN 202
EJERCICIO PROPUESTO CAPÍTULO 8 203
CUESTIONES CAPÍTULO 8 203

CAPÍTULO 9. TENDENCIAS 205
9.1   VELOCIDAD 205
        9.1.1   AMP 206
9.2   SEGURIDAD 208
        9.2.1   Certificados SSL 209
        9.2.2   HTML2 y PHP7 211
9.3   BÚSQUEDAS POR VOZ 211

9.4	LOS FRAGMENTOS DESTACADOS	213
9.5	GOOGLE RANKBRAIN	214
	9.5.1 ¿Cómo tenemos esto en cuenta para nuestro SEO?	215
9.6	VÍDEO	215

EJERCICIO PROPUESTO CAPÍTULO 9 215
CUESTIONES CAPÍTULO 9 216

GLOSARIO POR ORDEN DE APARICIÓN 217
SOLUCIONES DE LOS CUESTIONARIOS 221
REFERENCIAS BIBLIOGRÁFICAS 233
MATERIAL ADICIONAL 237

AGRADECIMIENTOS

Quiero agradecer el resultado de este trabajo a todos aquellos que de alguna manera han participado en mi aprendizaje sobre este apasionante mundo de Internet, del marketing digital y más particularmente, sobre SEO.

Todo empezó hace ya varios años. Poco después de terminar mis estudios de Ingeniería Técnica Informática en la EPSA en 2008. Allí los profesores nos motivaban para que hiciéramos formaciones adicionales con el fin de destacar entre la multitud a la hora de buscar un empleo tras finalizar. Tengo un especial recuerdo del apoyo y trato personalizado que ofrecen muchos de los docentes de esa universidad a sus alumnos y estoy muy agradecido por ello, particularmente a Manuel Llorca, Jordi Linares y Javier Esparza y a mis compañeros Javier Morant y Alberto Martos, entre otros.

Una de las formaciones que realicé alentado por esos consejos fue un curso de capacitación docente que permitió que iniciara mi andadura como formador. Eso fue sin lugar a dudas una de las mejores decisiones que he tomado en mi vida.

La Academia Ateneo de Las Palmas de Gran Canaria fue la primera en darme una oportunidad, seguida del Centro de Estudios Incaem. A ellos debo mi bautismo en el sector y primeros alumnos. Gracias.

Otra experiencia sin igual como docente fue el curso en el que fui profesor de informática en educación primaria en el Colegio Hispano-Inglés de Las Palmas de GC. No sé si aquellos niños y niñas me recordarán, pero yo si que los recuerdo a ellos. Esa fue la experiencia laboral más dura que he experimentado jamás, y puedo decir que, por ejemplo, trabajé durante el turno de noches en los supermercados Sainsbury's durante mis andaduras por Inglaterra. Pero, por supuesto, ambas situaciones, aunque duras, han sido clave en mi desarrollo personal y profesional.

La primera, por permitirme conocer de primera mano cómo ejercer la profesión de maestro ante el público más exigente y, la segunda, por permitirme conocer desde dentro el funcionamiento de las cadenas de suministro de una gran empresa de venta al detalle, lo que tiene relación directa con la logística en comercio electrónico. Gracias.

Tras la experiencia en el colegio, me desvinculé de la formación durante un tiempo y ocurrieron simultáneamente dos eventos que cambiarían el rumbo de mi carrera para siempre: una primera experiencia profesional en una tienda virtual, *neumaticosalmejorprecio.com* y una serie de cursos sobre innovación que realicé en la Universidad de Las Palmas. Esta formación la cursé justo en el momento de expansión de las grandes redes sociales que hoy día conocemos todos y me resultó tan interesante, que me hizo cambiar la perspectiva de muchas cosas. Esto, sumado a ese primer contacto en un proyecto de comercio electrónico como fue Neumáticos al Mejor Precio, fueron los desencadenantes de todo lo que he construido en los últimos años. Muchas gracias a mis compañeros y profesores de aquellas experiencias.

Poco después, estudié el máster *Online Business Management en EAE Business School* a la par que comenzaba a crear mi blog y asistía a todos los eventos que podía, relacionados con marketing online, en la que probablemente sea la segunda ciudad del mundo en la materia: Londres. Debo mucho, tanto a mis profesores y compañeros de EAE, como a todos aquellos ponentes y gurús que tuve el placer de escuchar y conocer en UK y de los que, en algunos casos, hago referencia en la bibliografía. Gracias a mis profesores Nico Castro, Erasmo López, Nacho Somalo, Pepe Torrents, Enric Quintero, Marcelo Granieri, entre otros y a mis compañeros del máster Laura Gil, Sergi Mateo, Juan M. agudo y María Lapeña, por brindarme esa fabulosa etapa de aprendizaje que sentaron las bases del camino que he tomado y con los que obtuve el 1er premio al proyecto más innovador de la promoción.

A mi vuelta a España vuelvo a la formación con una nueva, imborrable e inigualable experiencia como profesor en la maravillosa isla canaria El Hierro. Esta especie de retiro me fue de gran ayuda para valorar ciertas cosas de la vida como la naturaleza y la amistad. Gracias a aquellos que allí fueron mis alumnos y compañeros en Asociación Creativa, en especial a Jonay Barrera.

Posteriormente tuve el placer de trabajar un año en una agencia de marketing online en el sector hotelero en Tenerife. Conectec. He de admitir que hasta ese momento era un profano en SEO. La verdad es que estaba de acuerdo con aquellos que se despreocupan de su posicionamiento en buscadores pensando que el contenido sin una estrategia lo haría todo por ti. Cuán equivocado estaba, y cuanto me alegro de que el que por aquél entonces era mi superior, Francisco Quintero, me asignara responsable del SEO de varios proyectos. Gracias a él y al resto de mis compañeros por esa etapa en Tenerife.

Al finalizar esa etapa pongo punto final a mi carrera profesional por cuenta ajena, iniciando la etapa actual como profesional independiente en la que dedico la mitad de mi tiempo de nuevo a la formación y la otra mitad a ayudar a empresas a desarrollar sus negocios en los medios digitales. Muchas gracias a todos mis clientes, de los que puedes encontrar más información en el apartado portafolio de mi sitio web, *diegocmartin.com/portfolio*. Colegas y colaboradores, centros de formación y muy especialmente a mis alumnos, sin los que todo esto no sería posible.

Muchas gracias también a todos esos cracks y gurús de SEO que considero mis maestros y a los que gracias a los eventos, cursos y blogs que desarrollan, nos permiten a muchos otros ser partícipes de sus avances y experimentos. Puedes conocer detalles sobre estos en las referencias bibliográficas.

Para finalizar, no puedo pasar por alto el empuje y apoyo que me suministran a diario aquellos que me rodean y que están ahí cuando los necesitas, como son mis familiares y amigos. Particularmente a Maribel, Fátima e Inma. Gracias.

INTRODUCCIÓN

Desde 2010 me dedico a la docencia, tratando de inspirar en mis alumnos, de diversos puntos de la geografía española, la motivación que me empuja a comprender y participar en este apasionante mundo de Internet.

Soy informático de profesión y en la mayor parte de mi tiempo libre, ya que cuesta horrores despegarme de estas dichosas máquinas con chips y transistores. Me gusta pararme a pensar lo alucinante que es el hecho de poder enviar información a través del aire y a la velocidad que lo hacemos en un sistema basado en ceros y unos y en la asombrosa cantidad de trabajo que nos ahorran y de información que nos ponen al alcance estos dispositivos.

¿A QUIÉN PUEDE SER ÚTIL ESTE LIBRO?

En este libro te voy a tratar de transferir el conocimiento que he adquirido a lo largo de estos años sobre posicionamiento en buscadores de una forma legible y llanamente explicada para que cualquiera que nunca haya oído hablar de SEO lo pueda entender.

Además, al estar basado en mis experiencias en el aula, tras la impartición de numerosos cursos presenciales en la materia, creo poder conferir a este libro un hilo argumental lógico y coherente gracias también a las dudas de mis alumnos y a lo mucho que he aprendido de ellos.

¡Gracias a todos!

Debido a lo anterior, además de pretender ser un libro legible, también se puede usar como manual y como material de apoyo para otros colegas docentes que lo quieran utilizar.

UN REGALO PARA MIS LECTORES

Esto no es tan solo un libro. Debes saber que, además, he publicado un curso 100% *online* que sigue este guión. En él puedes visualizar lo que te explico en este libro y puede que así lo comprendas mucho mejor.

Con el cupón que encontrarás al final del libro obtendrás el curso a tan solo 10€, nada menos que con un 94% de descuento sobre su valor.

Puedes ver más detalles sobre el curso aquí:

diegocmartin.com/curso-posicionamiento-seo/

¿CÓMO ESTÁ ESTRUCTURADO ESTE LIBRO?

Cada capítulo cuenta con una concisa explicación de cada una de las temáticas y puntos que encontrarás en el índice, con imágenes para que puedas comprender mejor de que se habla y ejemplos ilustrativos de temas fáciles de entender que podrás extender al sector en el que te dediques. Además, hago alusión constante a herramientas y servicios de terceros que podemos utilizar para facilitar la labor. Muchos son gratuitos y otros muchos son de pago. No quiere decir esto que haya que utilizarlos todos o que sean los únicos que hay.

También Debes tener en cuenta que el SEO conviene practicarlo para aprenderlo y comprenderlo bien. Al final de cada capítulo encontrarás un breve cuestionario que puede servir a modo de repaso de los puntos que considero más relevantes y un ejercicio práctico propuesto.

Después del capítulo 9 encontrarás un glosario de términos. Si echas en falta alguno, no dudes en proponerlo.

Tras el glosario se encuentran las soluciones de los cuestionarios.

¿DE QUÉ VOY A HABLAR EN ESTE LIBRO?

Si nos fijamos, llegamos a la conclusión de que las búsquedas son la puerta de entrada a todo lo que hacemos *online*. Por ejemplo, si tenemos hambre, buscamos los mejores restaurantes a nuestro alrededor y leemos opiniones de otros usuarios sobre esos restaurantes. Si estamos en una tienda buscando un producto o servicio, también lo buscamos en Internet. Si queremos ir al cine, si tenemos una pregunta o duda, si queremos saber el tiempo para la caminata del día siguiente, …

Al cabo de día realizamos una gran cantidad de búsquedas en diversos buscadores como Google o incluso buscadores internos de sitios web como por ejemplo *Amazon*. Y es que, con la explosión de los dispositivos móviles, como los *smartphones* (teléfonos inteligentes) y tabletas, no estamos limitados al lugar desde donde buscamos.

Así que estamos buscando todos los días y en cada momento. Pero la pregunta es, ¿nos encontrarán a nosotros en los resultados de búsqueda?

Lo primero que debemos saber es cómo funcionan estos buscadores que utilizamos y para ello nos vamos a centrar en Google simplemente por ser hoy por hoy el buscador más utilizado, tanto a nivel global como en los países hispanohablantes.

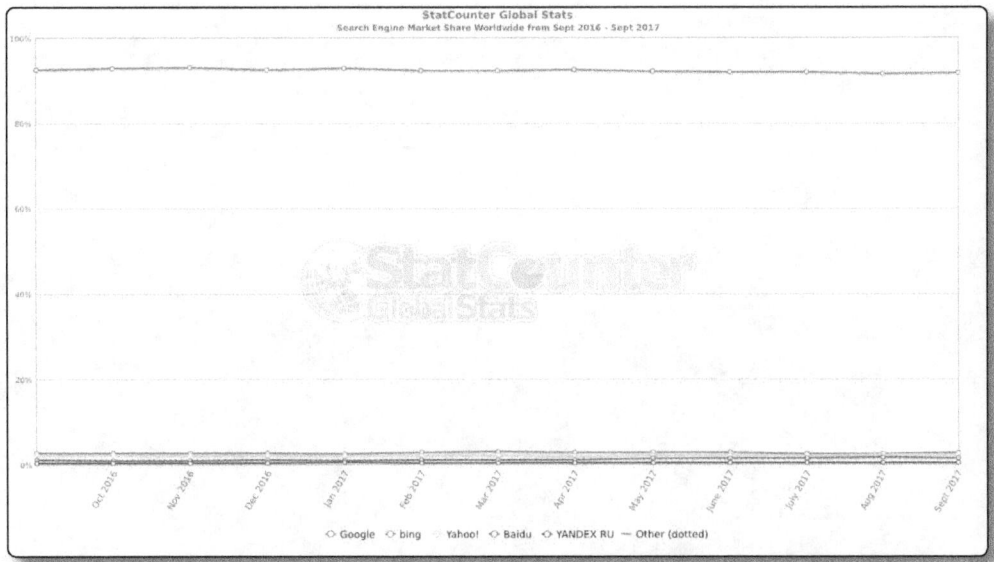

Figura I.1. Cuota de mercado en buscadores a nivel global según StatCounter

En la imagen anterior puedes ver que Google, representado por la línea roja en la parte superior, ostenta, de media, aproximadamente el 92% de la cuota de mercado a nivel global.

La herramienta *StatCounter* muestra estadísticas de uso de tecnologías a nivel global y por países. ¡No dejes de visitarla!

Para que te hagas una idea, Google resuelve aproximadamente una media de 40.000 búsquedas por segundo y 3.500 millones al cabo del día.

1

¿QUÉ ES EL SEO Y CÓMO FUNCIONA?

SEO, de *Search Engine Optimization*, significa optimización en motores de búsqueda, y dicho de forma rápida, es el conjunto de tareas y reglas a tener en cuenta para ser encontrado en Internet.

A partir de este momento vamos a centrarnos en que lo que deseamos posicionar es nuestra página web, aunque también hay que tener en cuenta que hay más posibilidades.

EJEMPLOS

Posicionar productos en un *marketplace* como Amazon, posicionar un negocio local en herramientas que implican geo posicionamiento, como TripAdvisor para restaurantes, o Booking en el caso de alojamientos o posicionar tu perfil como profesional en LinkedIn.

Ahondaremos más adelante en estos temas, pero, como decía, nos centraremos en posicionar nuestro sitio web, blog o tienda virtual, que debe ser el elemento principal a posicionar ya que es de nuestra propiedad y, por tanto, tenemos pleno control sobre él.

1.1 CONCEPTOS DE RELEVANCIA Y AUTORIDAD

Hay dos factores clave que tienen en cuenta los buscadores a la hora de determinar el posicionamiento de una página. Relevancia y autoridad. Y a partir de esto, se desgranan un sinfín de tareas y buenas prácticas que veremos a lo largo del libro.

1.1.1 Relevancia

La **Relevancia** es lo acorde que es el resultado de búsqueda con el término que emplea el usuario para buscar.

Debemos considerar que, a los motores de búsqueda, como Google, les encanta mostrar a sus usuarios aquello que desean encontrar. Ese es su objetivo principal y todo lo que hacen irá enfocado a ello. Por lo tanto, un primer buen consejo es que pensemos como lo haría el usuario cuando tiene una duda, un problema o busca algo.

Si damos respuesta a esa consulta que plantea el usuario mediante el término de búsqueda que emplea, es probable que uno de los resultados ofrecidos por el buscador sea nuestra página.

EJEMPLO

Buscamos el término "hamburguesas vegetarianas" en Google en un equipo de escritorio y es probable que entre los resultados encontremos, tanto recetas sobre hamburguesas vegetarianas, como restaurantes en los que las sirvan. Sin embargo, si hacemos la misma búsqueda desde un dispositivo móvil, van a aparecer más tipos de resultados en la misma página, aunque menos cantidad de cada uno. De esta forma el buscador adapta los resultados en función de lo que él considera que es más relevante para nosotros según la situación.

> **ⓘ TRUCO**
>
> Sabemos que Google adapta los resultados en función de lo que sabe de nosotros, por tanto, no siempre aparecerán los mismos resultados según el usuario que esté realizando la búsqueda. Puedes utilizar la navegación de incógnito o pestaña privada, según el navegador que utilices, para conseguir que los buscadores no tengan en cuenta nuestra información de usuario.
>
> A partir de ahora, cada vez que busques con la intención de medir resultados, recuerda hacerlo de esta manera.

1.1.2 Autoridad

La **autoridad** de una página es lo importante que es esta a ojos del motor de búsqueda empleado y determinará en gran medida el orden en que aparecen los resultados.

Podríamos decir que, en caso de empate en cuanto a relevancia, aparecerá primero aquella página que tenga mayor autoridad. Aunque esto es difícil de saber, ya que no sabemos el funcionamiento exacto de los algoritmos que emplean los motores de búsqueda para posicionar los resultados. Google, al igual que Coca-Cola, nunca desvelará su fórmula.

A esta fórmula la llamaremos algoritmo en términos SEO, y no solo es uno. Un motor de búsqueda como Google emplea numerosos algoritmos para determinar el posicionamiento en el ranking de resultados.

Disponemos de dos herramientas muy potentes para medir la autoridad de un sitio. Se trata de dos proveedores de indicadores de autoridad, MOZ y Alexa. Anteriormente Google ofrecía esta métrica mediante lo que denominaba el PR (*Page Rank*, rango de página), pero hace algunos años que no hacen pública esa información, de modo que recurrimos a los otros, principalmente a Alexa, ya que también hay muchos autores que han dejado de usar *MOZ*. Aun así lo explico, ya que es de bastante utilidad.

Page Autority (PA) y Domain Autority (DA) de *MOZ*: Autoridad de página y autoridad de dominio son dos métricas con valores entre 0 y 99, que ofrece *MOZ* y que podemos usar como referencia para saber la autoridad que tiene una página en particular o todo un dominio respectivamente. A mayor es el número, mayor autoridad tiene la página o el dominio.

Podemos utilizar la barra de herramientas gratuita para el navegador *Chrome* con la que podemos visualizar estos indicadores de cualquier página que visitemos. (Requiere registro).

Figura 1.1. Barra de MOZ midiendo una página de Amazon

EJEMPLO

En la imagen anterior vemos cómo la página de un producto nuevo en Amazon tiene una autoridad de página de 1, mientras que el dominio, Amazon.com tiene una autoridad de 98.

Alexa Rank: Alexa es otro proveedor de métricas de tráfico web que veremos en profundidad más adelante, pero básicamente ellos hacen un ranking a nivel global o por países, de forma que el sitio web que ocupe la primera posición sería el mejor posicionado y un número muy elevado simbolizará una página no muy bien posicionada. Para poder interpretarlo debemos comparar los valores de dos o más sitios web, aunque a modo de curiosidad, el número 1 es Google, el 2 suele ser YouTube y el 3 Facebook.

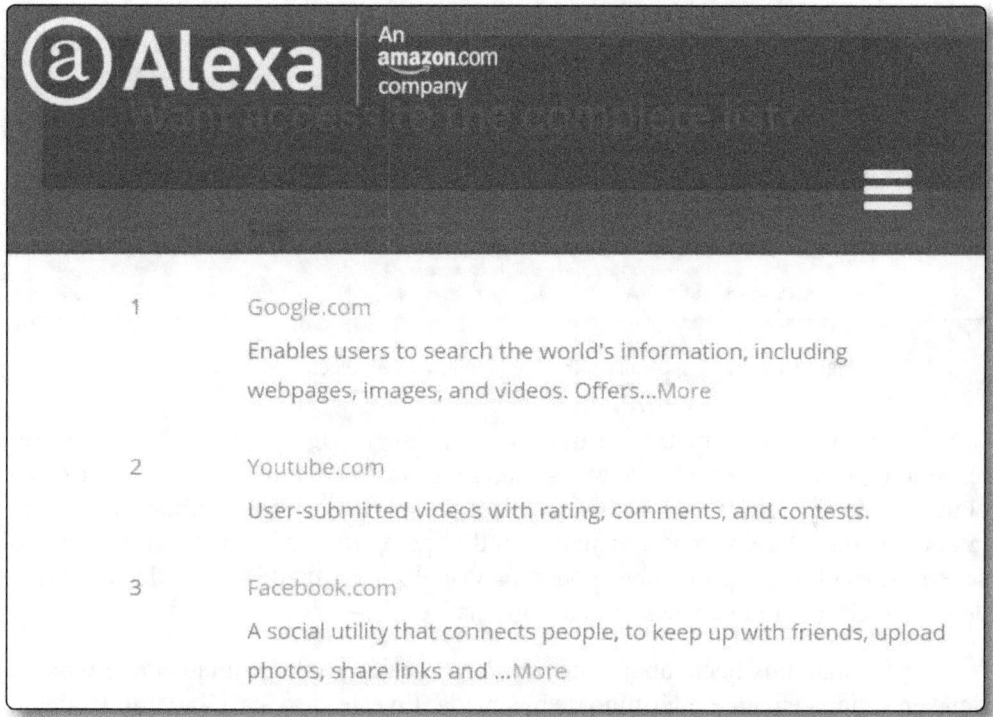

Figura 1.2. Top 3 sitios en Alexa

1.2 LAS SERP

De *Search Engine Results Page*, significa página de resultados de búsqueda y como su nombre indica, es la página en la que vemos los resultados tras hacer una búsqueda.

Vamos a analizarla:

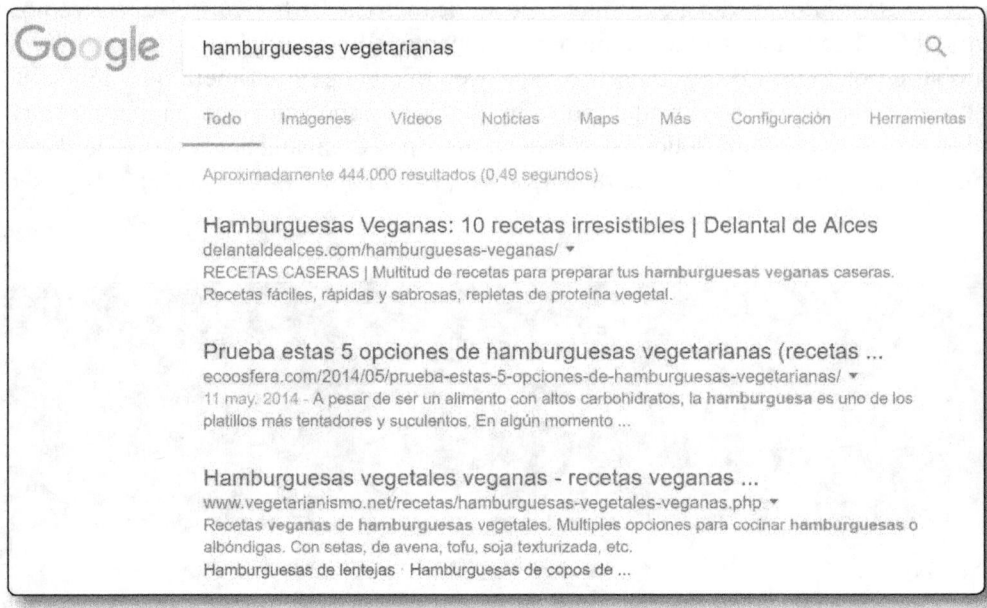

Figura 1.3. Parte superior SERP para hamburguesas vegetarianas en Google

En la imagen anterior se muestra la primera página de resultados para el término de búsqueda *hamburguesa vegetariana*. Justo debajo del cajón superior en el que aparece el término de búsqueda empleado, podemos observar que estamos en la opción *Todo*. Aquí vamos a visualizar todo tipo de resultados mezclados, y como sabemos, en el resto de opciones podemos visualizar resultados específicos por tipo de contenido, como imágenes, vídeos, noticias, etc.

Si seguimos hacia abajo encontramos el número de resultados que Google tiene en su índice para ese término de búsqueda. En este caso, casi 450 mil. Es decir, que podríamos estar avanzando página tras página hasta llegar a visualizar todos, aunque sabemos que **en el 90% de las búsquedas, los usuarios no pasamos de la primera página**.

Entre paréntesis vemos el tiempo que Google ha tardado en encontrar todos esos resultados, en este caso 0,49 segundos.

No es el caso de esta búsqueda pero, a continuación, podríamos encontrar resultados con la etiqueta *anuncio*. Se trata de otros usuarios, personas o entidades, que están promocionando sus páginas mediante anuncios de pago que, en el caso de Google, se gestionan mediante la herramienta Google Adwords.

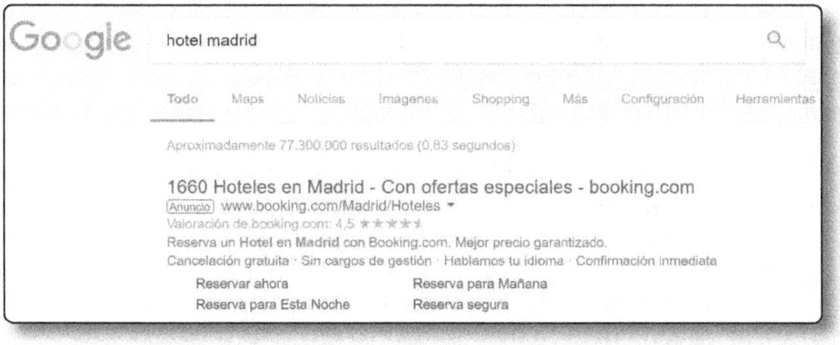

Figura 1.4. Parte superior SERP para *hotel madrid* en Google

En la imagen anterior vemos cómo en este momento Booking se está anunciando para la búsqueda *hotel madrid*.

A continuación de los anuncios, si los hay, vemos el primer resultado orgánico. Llamamos posicionamiento orgánico o natural a aquel que se consigue mediante técnicas SEO y no promocionadas. Volviendo a los resultados de la imagen 4 para la búsqueda *hamburguesas vegetarianas*, el primer resultado es *ecoosfera.com*, un sitio web de recetas. Por tanto, decimos que este ostenta a primera posición de resultados orgánicos en las SERP de Google para los términos de búsqueda *hamburguesas vegetarianas*.

Después aparece el segundo resultado orgánico y así sucesivamente hasta llegar al final de la primera página:

Figura 1.5. Parte inferior SERP *hamburguesas vegetarianas* en Google

En el final vemos que aparece un vídeo de YouTube y, a continuación, las búsquedas relacionadas. En este apartado incidiremos más adelante, así que no lo pierdas de vista. En él aparecen otras búsquedas que hacen los usuarios que comienzan por el mismo término o lo contienen.

Después vemos la paginación, que nos permite avanzar a otras páginas de resultados para el mismo término.

Abajo del todo vemos también que está identificando la ubicación actual desde donde se está realizando la búsqueda. En este caso *Illescas, España*. Por supuesto esto afectará también a los resultados.

Como hemos dicho, el buscador mostrará los resultados en función del término de búsqueda y del contexto, de forma que es posible que aparezcan otros tipos de resultados. Veamos un par de ejemplos:

EJEMPLO

Término de búsqueda: *hamburguesas vegetarianas madrid*

Figura 1.6. Primeros resultados orgánicos SERP hamburguesa vegetariana madrid en Google

En la imagen anterior vemos cómo en la columna derecha aparecen resultados geolocalizados en el mapa de Google. Como es de imaginar, el restaurante que aparece, Viva Burger, está trabajando más en serio su posicionamiento en este sentido. Tal como veremos en capítulos sucesivos, el número de reseñas y la puntuación media de las mismas puede que tengas gran parte de la culpa.

EJEMPLO

Término de búsqueda: *picadora de verduras*

Figura 1.7. Primeros resultados SERP *picadora de verduras* en Google

Como podemos observar, en este caso aparecen productos que se ofrecen en diversas tiendas virtuales, como la de *La tienda en casa* o *Worten*, por nombrar quizás las 2 más conocidas, al menos en España.

1.2.1 ¿Cómo funciona un motor de búsqueda como Google?

Google se pasa la vida visitando páginas web y descargando el contenido que encuentra a su paso. Esto lo hace a través de lo que denominamos arañas debido a la analogía que existe en cuanto a cómo se mueven estas recorriendo su tela (web). Las arañas se mueven entre las páginas, las *crawlean*, a través de los enlaces, de ahí que estos sean uno de los elementos fundamentales de los que estudiaremos y la forma mediante la cual se propaga la autoridad.

Estas arañas envían e contenido que encuentran a las bases de datos de Google, donde luego son organizadas según el ranking de Google, que es lo que determinara la posición en que la página debe salir según del término de búsqueda empleado.

Cuando nosotros buscamos algo en Google, lo que estamos haciendo es una consulta a su base de datos. De hecho, antes veíamos la velocidad que ha tardado el buscador en suministrarnos la información en la SERP. Se jactan de ese escaso tiempo de reacción, y no es de extrañar, ya que podemos imaginar la enorme base de datos con la que trabajan y tardar tan poco tiempo en buscar y mostrar toda esa información es todo un trabajo de optimización.

Se dice que las salas de los equipos informáticos de Google tienen el tamaño de campos de fútbol.

Otro dato interesante es que el Internet público que conocemos es menos del 10% del total existente.

Curiosidades aparte, y teniendo en cuenta lo anterior, ya podemos entender que en ocasiones veamos información obsoleta en los resultados de búsqueda, ya que, si hacemos un cambio en una de nuestras páginas, hasta que las arañas o robots de Google no pasen de nuevo, no actualizarán la información en su base de datos.

Prueba de ello es cuando al navegar encontramos un error de página no encontrada tras hacer clic en un resultado de búsqueda.

1.3 QUÉ ESPERAR SOBRE SEO

Hemos visto cómo se muestra la información en los motores de búsqueda y los dos patrones fundamentales que usan estos para mostrar la información. En general podemos resumir que los usuarios tenemos problemas o preguntas específicas y los que publicamos páginas web tratamos de dar solución a esos problemas o preguntas.

Cuanto más acorde sea nuestra respuesta a la pregunta, más posibilidades tenemos de aparecer en los primeros resultados. Por este motivo es por lo que habrás escuchado o leído más de una vez que *el contenido es el rey*. Ya que, a través de los contenidos, es como damos respuesta a esas preguntas. Por tanto:

1.4 DEBEMOS TENER UNA ESTRATEGIA Y DETERMINAR A QUIÉN NOS DIRIGIMOS.

Lo positivo es que, una vez que aparecemos en los resultados de búsqueda, vamos a aparecer de manera permanente y las 24 horas del día, y esto nos proporcionará visitas constantes hacia nuestro sitio web u otros canales en Internet. Por eso habrás escuchado que:

✓ **El SEO es gratis.**

Aunque en realidad en esa asunción de ser gratis no se está incluyendo el trabajo que tenemos que desempeñar para desarrollar nuestro posicionamiento.

La optimización de motores de búsqueda es un proceso a medio y largo plazo que requiere mucho trabajo, mucho tiempo y mucha paciencia, por lo tanto, es importante determinar lo que queremos conseguir y tener en cuenta que:

✓ **Los resultados no son inmediatos.**

Desarrollar y ejecutar una estrategia, investigar las palabras clave a utilizar, crear nuevo contenido único, construir enlaces entrantes a nuestro sitio web para conseguir autoridad o resolver cualquier problema técnico, son tareas que debemos desarrollar y para ello será conveniente:

▼ Conocer cómo funcionan los buscadores y cómo te indexan.
▼ Estar al tanto de los cambios y actualizaciones de sus algoritmos.

Porque, aunque los buscadores no nos muestren sus algoritmos, sí que publican instrucciones a tener en cuenta al utilizarlos y nos mantienen informados acerca de sus modificaciones importantes. Además, hay una gran cantidad de expertos en la materia que están constantemente haciendo pruebas y experimentos para descubrir aquello que no nos quieren desvelar. De modo que podemos considerar que:

✓ **Debemos hacer SEO para los buscadores y para nuestro público.**

La gran ventaja del SEO y del marketing *online* en general, es que:

✓ **Podemos medir todo lo que ocurre.**

Así que a continuación vamos a ver dónde se sitúa esto del SEO dentro del mundo del marketing *online*.

1.5 SEO Y EL MARKETING ONLINE

Recomiendo la visualización de algún vídeo como el que se cita a continuación para tomar conciencia de los cambios que se están produciendo en el mundo debido a la evolución de las tecnologías de la información y las comunicaciones.

Did You Know Shift Happens, 2014 - Subtítulos español (YouTube)

El vídeo anterior es una versión subtitulada de uno que forma parte de la serie de vídeos **Did You Know...?**. Como se puede observar, data de 2014, con lo que los datos que en él se muestran están algo obsoletos. No obstante, es una información muy interesante y os animo a que os pongáis en contacto conmigo si encontráis otro más actualizado que igualmente esté subtitulado con buena calidad de imagen. ¡Gracias!

Una vez visualizado el vídeo, puedes seguir también esta presentación sobre marketing *online* (*http://bit.ly/manSEOpreintMK*). En ella se cuenta de forma más visual lo que te voy a explicar a continuación.

1.5.1 Canales que forman parte del marketing online

- **Búsqueda**. Lo que estamos aprendiendo en este libro, es decir, SEO. Puerta principal de entrada a nuestros contenidos y sitio web.

- **Social**. Canales sociales o redes sociales. Canal muy importante y potente para darnos a conocer como marca debido a su capacidad viral.

    La viralidad en las redes sociales se genera a causa de que cualquier contenido publicado es susceptible de ser compartido por cada uno de nuestros seguidores o amigos, que a su vez pueden volver a ser compartidos por los amigos de nuestros amigos, a los que llamaríamos contactos de segundo nivel. Así sucesivamente, de tal forma que un contenido exitoso puede dar la vuelta al mundo en cuestión de horas, como hemos podido vivenciar en los últimos años con muchos *"memes"*.

    En el hipotético caso de que todos nuestros contactos o amigos, considerando un número de amigos medio, compartieran un contenido publicado en una red social y así sucesivamente en cada nivel, en el sexto nivel alcanzaríamos a toda la población del planeta.

    Desaconsejable su uso con el fin de generar ventas directas, por ser menos efectivo que otros medios.

- **Vídeo**. El vídeo en Internet a día de hoy cobra especial importancia. Cada vez se consume más vídeo en Internet, está de moda, hay gran cantidad de redes y servicios específicos para vídeo y prueba de su crecimiento es que todas las principales redes sociales han agregado funcionalidades de emisión y publicación de vídeo, tras la aparición y enorme crecimiento de iniciativas como Periscope o Snapchat. A las grandes no les ha quedado otra que imitarles.

    Las nuevas generaciones ya no ven a penas la televisión, ven vídeo a la carta en Internet.

    Actualmente, de media, consumimos 4 horas diarias de vídeo por Internet y YouTube es el segundo buscador más usado del mundo después de Google.

- **Email**. El más antiguo de los canales *online* y no por ello el menos importante. De hecho, es el canal que más ventas directas produce a día de hoy.

    El motivo: gracias a la telefonía móvil, los mensajes van directos al bolsillo de los destinatarios y a pesar del spam, no es un sistema publicitario tan agresivo como otros, ya que no interrumpe la tarea que esté haciendo el destinatario, sino que lo mira cuando lo desea.

▼ **Display**. De forma breve podríamos decir que son todos aquellos sitios web de terceros en los que ponemos publicidad que apunta hacia nuestro sitio, servicios o productos.

Los tres proveedores principales de esta modalidad promocional son Google, Facebook y Twitter.

1.5.2 Clasificación de canales por tipo

▼ **De pago**. Son todos aquellos canales por los que debemos pagar para obtener sus beneficios. Publicidad de pago, por tanto, lo que hemos llamado *display*. Puede ser en redes sociales como Facebook, mediante su servicio publicitario, Facebook Ads o Twitter Ads en el caso de Twitter, LinkedIn tiene su análogo, al igual que los buscadores como Google Adwords en el caso de Google y tantos otros servicios de afiliación.

▼ **Propio**. Medios en los que somos propietarios y por tanto tenemos el control total como en nuestro sitio web, blog o correo electrónico.

Para usar estos medios y publicar nuestro sitio web basta con alquilar un nombre de dominio y un servicio de hospedaje web para poder disponer la información accesible en Internet durante todos los días las 24 horas. Hablaremos más delante de dominios explícitamente.

▼ **Adquirido o ganado**. Son todos aquellos canales *online* que podemos considerar gratuitos, aunque no tenemos que ganar los resultados con trabajo, tiempo y siguiendo las reglas de otros. Por ejemplo, hacemos SEO en Google o Yahoo, obtenemos seguidores en Twitter o fans en Facebook, etc.

El problema de esta presencia adquirida en medios de terceros es que nunca será de nuestra propiedad y por tanto estamos constantemente a merced del proveedor. Por ello es necesario redirigir los esfuerzos que hacemos en ellos hacia canales propios, como nuestro sitio web.

1.5.3 Áreas de trabajo

▼ **Web**. Para trabajar tu sitio web, la opción más sencilla es usar con gestor de contenidos como Wordpress. La ventaja de estos gestores de contenido es que son sencillos de administrar y cualquiera puede llegar a utilizarlos sin necesidad de conocer complejos lenguajes de programación. No obstante, llegar a dominarlos conlleva tiempo y esfuerzo, de modo que, en muchas ocasiones, es mejor contar con algún experto.

Si quieres tener control total, debes instalarlo en un alojamiento propio. Para ello deberás adquirir un nombre de dominio y un servicio de *hosting* (hospedaje) como comentaba anteriormente.

Siempre es recomendable utilizar servicios de *hosting* que se encuentren en el país en el que vayan a estar los visitantes de la web por cuestiones de velocidad de carga, aunque por este motivo también hay muchos que ofrecen réplicas de la información en diversos puntos del globo.

Otra consideración es contratarlo en el país donde se encuentre la sede del proyecto, por evitar desfases horarios a la hora de contactar con ellos. En muchas ocasiones nos encontraremos con problemas y, en estos casos, un servicio de soporte rápido y eficaz nos ahorrará dolores de cabeza.

Personalmente trabajo en España con *Loading* (*link.diegocmartin.com/qDrYiG*), que no está nada mal de precio y tienen un servicio de soporte excelente.

También hay otras soluciones como Wix, Squarespace o la versión privada de Wordpress (*wordpress.com*) que se ocupan del alojamiento por ti, aunque son bastante más costosos.

▼ **Analítica**. Decíamos en marketing *online* todo se puede medir. Pues con una herramienta de analítica web podemos medir lo que hacen los usuarios en nuestras páginas web con una gran exactitud y cantidad de detalles. Cuando conectan, desde dónde, en qué idioma, qué hicieron o cuánto tiempo estuvieron son algunas de las cosas que podemos ver.

Gracias a estas herramientas podemos saber los frutos que está dando nuestro trabajo en SEO. Google Analytics es la más conocida y extendida por ser gratuita, aunque es interesante saber que hay otras opciones, aunque las más potentes son muy costosas y por tanto las suelen usar las grandes compañías.

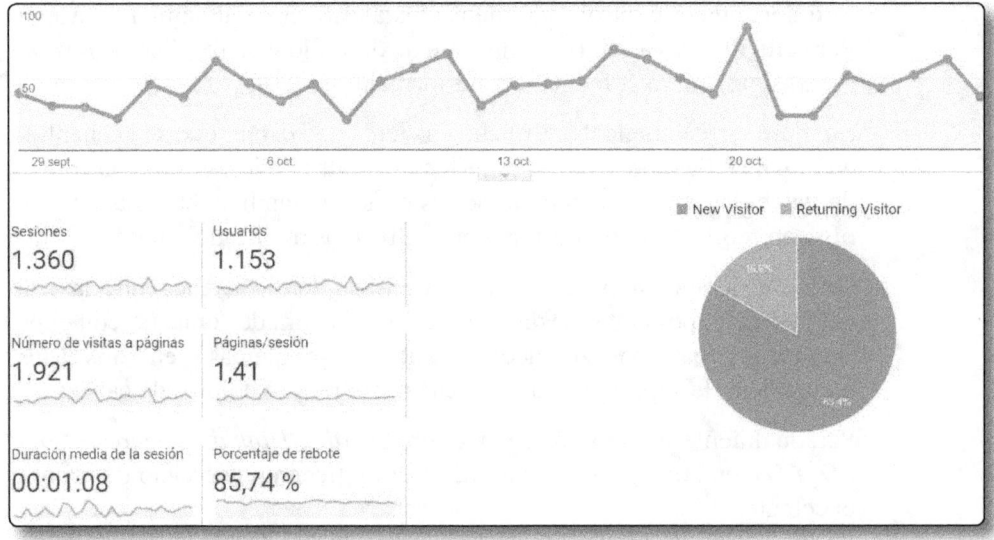

Figura 1.8. Google Analytics. Informe de audiencia

Algunos indicadores que conviene conocer y distinguir son:

▼ El número de usuarios frente al número de sesiones y este frente al número de visitas a páginas.

Una sesión es desde que el usuario entra en nuestro sitio web hasta que lo abandona. Por tanto, un mismo usuario puede generar varias sesiones en un mismo período de tiempo.

Durante una sesión un usuario puede visualizar varias páginas. El dato páginas por sesión representa el número de páginas medio por sesión.

▼ El tiempo medio de la sesión.

El tiempo medio de la duración de las sesiones durante las que los usuarios permanecen navegando por nuestro sitio.

▼ La tasa de rebote.

Se considera rebote cuando un usuario abandona el sitio web tras visualizar una sola página. Si se visita más de una página en la misma sesión ya no es un rebote.

La tasa de rebote es expresar en porcentaje la media de rebotes por cada 100 visitas.

En principio podemos considerar que una elevada tasa de rebote es negativa, ya que el usuario no ha visto más que una página de nuestro sitio. Pero ya veremos al final del libro que esto es algo más complejo y que hay interesantes consideraciones a tener en cuenta.

Se rumorea que Google Analytics dejará de ser gratis dentro de poco. Pero ese rumor tampoco es nuevo. Veremos.

SEO. De nuevo el posicionamiento en buscadores, en lo que comenzaremos a profundizar en el próximo capítulo.

Publicidad de búsqueda y display. Hemos comentado que podemos publicitarnos en buscadores como Google a través de Google Adwords y también en sitios de terceros como redes sociales conocidas, servicios de afiliación o ponernos en contacto directo con prensa digital especializada, que normalmente dispondrá de diversas opciones, no solo de *display*.

Marketing en redes sociales. El esfuerzo que hagamos en las redes sociales se verá recompensado fundamentalmente para desarrollar nuestra marca.

Es también un canal que permite la conversación directa con los usuarios y desde el que también podemos conseguir tráfico hacia nuestra web u obtener información valiosa de nuestro sector y competidores.

Al igual que con el resto de medios, seguir una estrategia y un plan adecuados es necesario si queremos hacer las cosas bien.

En muchas ocasiones se subestima esta cuestión y se otorga la responsabilidad de representar la marca a persona no lo suficientemente preparadas.

Hay que pensar que quienes gestionan las redes sociales son los que están transmitiendo las comunicaciones de la empresa o proyecto directamente a sus usuarios o clientes potenciales, por tanto, esta persona debe saber no solo lo que hace, sino que debe tener un guión y unas instrucciones a seguir en función de las situaciones que se den.

A la persona que gestiona las redes sociales de una empresa o proyecto la denominamos *Community Manager* o Gestor de comunidades virtuales.

Marketing en vídeo. Hemos comentado que cada vez se consume más vídeo, por tanto, establecer una estrategia de presencia y comunicación en este canal es más que aconsejable.

Podemos darnos a conocer como expertos en algo mostrando cómo se hace, haciendo críticas, elaborando o probando un producto e incluso instruyendo a los demás.

Podemos crear un canal de vídeos, publicarlos en nuestra web de forma pública o privada y también podemos emitir en directo, pero como en todo, la constancia y tener objetivos estrategias definidas serán el mejor modo de obtener beneficios significativos.

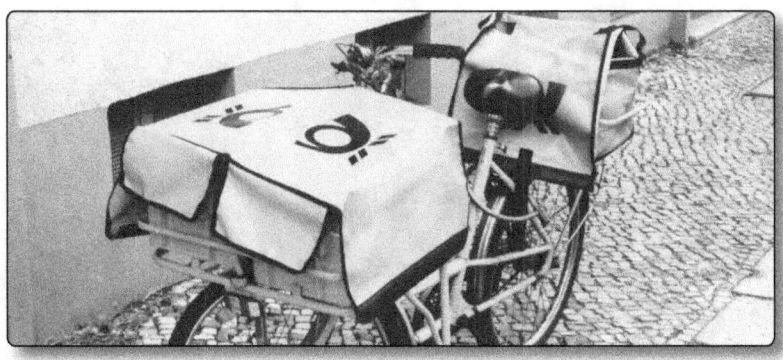

Email marketing. Existen herramientas específicas que nos ayudan a sacar el máximo partido de los envíos que hagamos mediante correo electrónico, así como de las listas de suscriptores. *Mail Relay* o *Mail Chimp* son dos de las herramientas más conocidas para esto.

Es una técnica muy común en estos días el tratar de conseguir suscriptores para envíos por correo ya que son usuarios que sabemos que están interesados en lo que ofrecemos y por ello decíamos antes que aún hoy es el medio que más porcentaje de ventas consigue en relación a la inversión.

Estos servicios como los antes mencionados nos ayudan a gestionar las listas de contactos a los que enviar las campañas, nos permiten crear los diseños y contenidos de los correos, programar su envío y posteriormente conocer estadísticas detalladas de qué destinatarios han abierto los mensajes, quienes han hecho clic en los botones o enlaces e incluso quienes no los han llegado ni abrir o se han dado de baja.

Otros. Hay muchos otros medios o servicios que podemos usar para llegar a nuestro cliente y llevar a cabo ese plan de medios digitales que debemos elaborar. El marketing basado en contenidos, que tiene gran relación con el SEO, marketing enfocado a dispositivos móviles o para negocios locales, para apps o el uso de podcast como alternativa de material multimedia son algunos ejemplos.

1.5.4 Elaborar la estrategia de medios digitales

Es imprescindible planificar el trabajo en los medios digitales con el objetivo de poder cuantificar lo que hacemos y de esa forma replantearnos las estrategias tras un ciclo y una revisión, consiguiendo así un proceso de mejora continua.

Esto lo plasmamos en lo que denominamos plan de medios digitales, que debe ir acorde al plan empresarial y al plan de marketing que tenga ya la organización o proyecto.

En primer lugar, habría que hacer un análisis del entorno, determinar el público objetivo y plantear unos objetivos que sean alcanzables, pero razonablemente difíciles de conseguir. También que sean medibles cuantitativamente y en el tiempo para poder saber si los hemos conseguido y cuánto nos ha faltado para conseguirlos o por cuánto nos hemos pasado.

Después nos centramos en conocer al usuario o cliente objetivo y determinar cómo nos vamos a dirigir a él, especificando los canales a utilizar, con qué acciones específicas y en qué momento mediante un calendario de publicaciones.

Puedes tener una idea global sobre tema y extender un poco leyendo este artículo:

Mente 2.0. Lo básico sobre Marketing online (www.diegocmartin.com/mente-2-0)

1.6 CASO REAL EN GRATTIFY. CÓMO UN PEQUEÑO CAMBIO PUEDE AFECTAR TANTO

Grattify.com es una tienda virtual con sede en Inglaterra cuyos principales productos son los muebles y juguetes de diseño.

Me quedé sorprendido al conocer que una micro empresa, en un sector tan competitivo como este, en el que, si buscamos en Google por el nombre de casi cualquiera de los productos de las categorías principales, quienes aparecen en los primeros resultados son empresas como Amazon, Ikea, Tesco, Argos o Wayfair, fuera capaz de vender casi 9 mil libras desde el primer mes.

He tenido la oportunidad de colaborar en este proyecto a nivel estratégico y SEO en los últimos meses y he llegado a la conclusión de que, lo que distingue a Grattify de otras tiendas virtuales es el valor humano que aporta su propietario con el profundo conocimiento que tiene del sector y de los proveedores con los que trabaja. Además, si exploras un poco el sitio web, verás que tiene una curiosa funcionalidad que nos permite hacer una oferta de cualquier producto a un precio más bajo del establecido.

Pero no esto lo que os quiero contar. Os quiero contar cómo un pequeño cambio estratégico en la inversión publicitaria ha provocado grandes cambios en el negocio.

Mi colaboración en el proyecto consistía en trabajar el SEO y de paso echar un vistazo a otras cuestiones relativas al marketing *online*.

En el momento de mi llegada, en el proyecto se invertían 400 libras mensuales en publicidad en Google y Facebook. Concretamente 100 en Google Shopping, los anuncios que muestran productos en tiendas virtuales en un carrusel en la parte superior, tal como hemos visto antes con el ejemplo de la picadora de verduras. Y 300 en 3 campañas distintas de Facebook:

- 100 en un carrusel de productos de una categoría.
- 100 en otro carrusel de otra categoría.
- 100 en *remarketing* (anuncios que reaparecen al mismo usuario tras la visita inicial).

Tras un análisis inicial observo que las publicaciones en la página de fans de Facebook no tienen mucha interacción por parte de los usuarios. La empresa se dedica a publicar fotos de los productos de forma diaria y hacen lo mismo en otros canales como Pinterest o Instagram. En aquel momento, los objetivos de ventas en Analytics no estaban correctamente configurados y no podía conocer la repercusión que tenían estos anuncios en el sitio web. Aun así, tenía la certeza de que esa inversión en Facebook no estaba valiendo para nada.

Para el mes siguiente propuse sustituir 100 libras de inversión en Facebook en hacer otro tipo de campañas en la misma plataforma con diferentes pruebas para obtener datos. Se crearon 4 campañas de distinto tipo y de muy bajo presupuesto sobre un grupo muy reducido de productos que apuntaban directamente a productos en la tienda virtual en lugar de utilizar el catálogo de productos importado en el propio Facebook. De ese modo tendríamos datos de casi todos los tipos posibles de promociones que se pueden hacer en Facebook con productos y ver el impacto en visitas y conversiones en Analytics de forma mucho más detallada.

Los resultados no fueron buenos y mis sospechas eran ciertas. No era el momento de invertir en Facebook. Las campañas no generaban conversiones y las visitas no eran de calidad. En su mayoría provocaban rebotes de muy corto tiempo medio de visita.

Al mes siguiente detuvimos toda inversión en Facebook, incrementamos un poco la de Google Shopping y destinamos parte del presupuesto de Facebook en campañas de *remarketing* en Google. Sospechábamos que a muchos clientes les faltaba un "empujoncito" para decidirse a hacer una oferta por un producto. Esto fue lo que ocurrió:

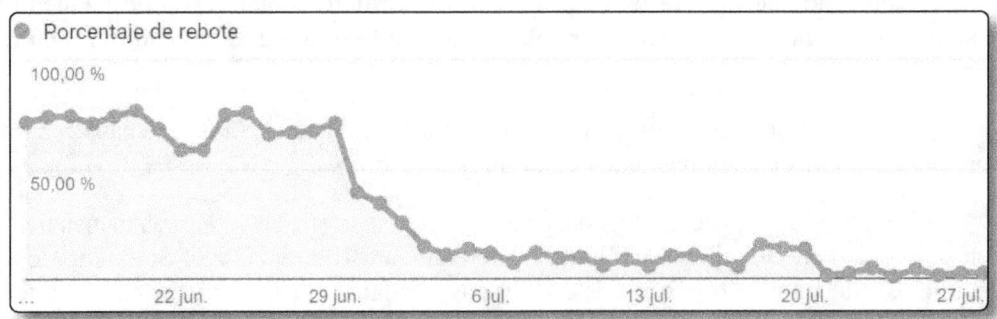

¡La tasa de rebote descendió de forma brutal! Las visitas procedentes de Facebook estaban enturbiando la calidad de las visitas y por supuesto, las conversiones comenzaron a incrementarse.

Conclusión

La inversión en publicidad se redujo a la mitad y se destinó a un canal más adecuado acorde a la madurez del proyecto, provocando un incremento notable en las ventas.

Moraleja

No dejes de probar y experimentar, midiendo siempre lo que ocurre.

EJERCICIO PROPUESTO CAPÍTULO 1

Antes de avanzar y entrar en materia con SEO, sería útil aprender un poco mejor a buscar. Aquí te dejo un documento de ayuda del propio Google que nos enseña a usar su buscador:

www.google.es/intl/es/insidesearch/tipstricks/all.html

Te propongo que lo leas detenidamente y pruebes los trucos y sugerencias que se indican en él, con esos mismos ejemplos o con otros específicos de tu sector.

CUESTIONES CAPÍTULO 1

- ▼ **P1. ¿Qué es SEO?**
    - R1. Optimización de motores de búsqueda.
    - R1. *Search Engine Optimization.*
    - R1. Todas aquellas tareas que desempeñemos para lograr conseguir visitas a nuestro sitio web mediante posicionamiento orgánico o natural.
    - R1. Todas son correctas.

▼ **P2. SERP es…**
- R2. *Search Engine Ranking Pages*.
- R2. Las páginas de resultados de búsqueda.
- R2. Los términos de búsqueda que usan nuestros clientes.
- R2. Los términos de búsqueda que usan los usuarios.

▼ **P3. La relevancia …**
- R3. Es una de tantas formas que tienen los buscadores de determinar el posicionamiento.
- R3. Es uno de los factores fundamentales que los buscadores utilizan para generar el ranking.
- R3. Los resultados de búsqueda son relevantes cuando no tienen nada que ver con el término de búsqueda empleado.
- R3. Todas son correctas.

▼ **P4. Sobre Autoridad:**
- R4. La autoridad de un sitio web es lo importante que este es a ojos del buscador.
- R4. Podemos medir la autoridad con herramientas como Alexa o MOZ Bar.
- R4. Es uno de los factores fundamentales que los buscadores utilizan para generar el ranking.
- R4. Todas son correctas.

▼ **P5. El SEO es ... dentro del marketing *online***
- R5. Uno de los canales fundamentales.
- R5. Una herramienta costosa pero efectiva.
- R5. Una tarea más.
- R5. Un tipo de medio propio.

2

ANÁLISIS DE PALABRAS CLAVE

2.1 LA NECESIDAD DE UN PLAN

Lo primero que debemos hacer antes de comenzar a trabajar el SEO es determinar las palabras clave que vamos a utilizar.

Ya hemos dicho que el SEO es un trabajo a medio y largo plazo, por lo tanto, es muy importante emplear todo el tiempo que haga falta en esta fase, ya que cuanto más claro lo tengamos aquí y mejor hayamos hecho las cosas, mejores frutos obtendremos posteriormente.

2.1.1 KW vs término de búsqueda

Lo que para nosotros, los que optimizamos páginas web para buscadores, es una palabra clave (*KeyWord*, KW) para el usuario es el término de búsqueda que emplea en el buscador. Es decir, que nosotros vamos a trabajar estas de KWs dentro de nuestro sitio web y esas KW no son más que los términos de búsqueda que emplean los usuarios para dar solución a sus preguntas o problemas.

Nuestra labor en esta fase será la de identificar los términos de búsqueda que emplean los usuarios para buscar, con qué frecuencia los utilizan, lo relevantes que son estos para los objetivos de nuestro proyecto y lo competitivos que son esos términos para valorar si merece la pena tratar de posicionarlos.

EJEMPLO

Supongamos que vendes coches. Podrías pensar que la KW *coche* debería estar en tu lista, pero después de hacer un pequeño estudio, llegarías a la conclusión de que no, porque, aunque ese término tenga un volumen muy elevado de búsquedas, pensemos en su relevancia.

Puede que un usuario busque "coche" no solo para comprar uno, sino para solucionar un problema o avería, para alquilarlo o para comprar un coche de juguete. Además, es una palabra tan genérica que habrá un elevado nivel de competición por ella y muchas grandes marcas estarán ya posicionadas ahí, con lo cual sería muy difícil abrirse hueco.

Piensa que **para cada término de búsqueda solo hay una primera posición en Google**, con lo que, si queremos estar ahí, debemos hacerlo mejor que el que ya está en primera posición para desbancarlo.

Tu plan o estrategia de investigación de palabras clave debe guiarte de manera estructurada en el descubrimiento de términos de búsqueda a utilizar en tu sitio web y en la toma decisiones para determinar cuáles de estas KWs son las mejores para hacer tu proyecto más rentable.

2.2 CÓMO INVESTIGAR PALABRAS CLAVE

A la hora de ponernos a investigar las palabras clave a trabajar es muy importante ponernos en la piel de nuestro cliente o de un usuario potencialmente interesado en lo que ofrecemos. Por lo tanto, empezaremos por hacer una lista de los productos o servicios que ofrecemos y a generar y contestar preguntas que haría tu cliente.

En este momento, cuanto mayor sea la lista resultante, mejor. Puedes hacer una lluvia de ideas con compañeros u otras personas implicadas en el proyecto para generar más.

También puedes utilizar herramientas que te ayuden a buscar ideas adicionales, términos similares, sinónimos o combinaciones de palabras. Veremos algunas en el apartado siguiente, pero no quiere decir que sean las únicas o las que se deban usar. ¡Imaginación al poder!

Después habrá que mirar el volumen de búsquedas que tienen esos términos y el nivel de competición que tienen para valorar si vale la pena trabajarlas.

2.2.1 La larga cola

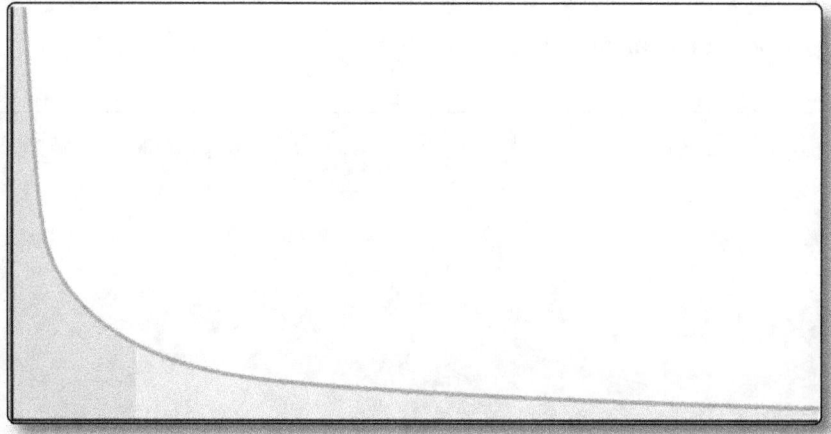

Figura 2.1. Long Tail. Por Husky en Wikimedia Commons

La teoría de la larga cola o *long tail* en inglés, fue mencionada por Chris Anderson en 2004 en un artículo que escribió en la revista Wired. *Aquí el artículo original*.

En él hace un símil con las distribuciones de Pareto, que gráficamente se representan como se puede ver en la ilustración anterior.

Se pueden entender mejor poniendo como ejemplo los modelos de negocio de Amazon o Netflix, basados en nichos de mercado frente a los clásicos mercados masivos.

Los mercados masivos son aquellos que se centran en productos estrella, que son los que tienen un gran número de ventas con un catálogo reducido de productos. Es lo que estamos acostumbrados a conocer desde la revolución industrial con las marcas que conocemos todos como Coca-Cola, Ford, etc.

Los nichos de mercado, como Amazon, se basan en disponer de un catálogo tan grande de productos que, aunque vendan uno o dos ejemplares de cada uno, la suma total de las ventas puede llegar a ser equivalente o incluso superior a los modelos de mercados de masas.

Y eso es lo que representa el gráfico, siendo el eje horizontal el número de productos y el eje vertical el número de ventas de cada producto. La zona verde sería donde trabajan los mercados de masas y en la amarilla, los nichos de mercado.

La teoría de la larga cola tiene aplicación en SEO, de forma que si sustituimos productos por términos de búsqueda y las ventas por el número de búsquedas que se hacen en los buscadores, nos queda que los términos más genéricos serían los más buscados y los términos muy específicos (términos con muchas palabras) los que denominaremos términos *long tail* y, en consecuencia, KW *long tail*.

¿Y por qué hablamos de esto en SEO?

Palabra clave (por relevancia)		Promedio de búsquedas mensuales	Competencia	Puja sugerida
ford fiesta		27.100	Baja	0,24 €
coches ford		2.900	Media	0,27 €
ford fiesta años 70		10	Baja	3,76 €

Figura 2.2. Ejemplo planificador de palabras clave de Google

Las KW *long tail* evidentemente tienen la desventaja de tener un escaso volumen de búsquedas, pero tienen dos ventajas muy importantes:

Tienen un nivel muy inferior de competitividad y en consecuencia será mucho más fácil posicionarnos.

Se ajustan mucho mejor a las necesidades o solución de problemas de usuarios, con lo cual, con la elección correcta, será mucho más fácil finalizar con éxito el proceso de venta.

EJEMPLO

Siguiendo con lo que hablábamos de los coches anteriormente, si yo vendo coches y tengo en venta un Seat Ibiza, si me posiciono por el término "compro seat ibiza" o "comprar seat Ibiza nuevo", sé que el usuario que utilice ese término tiene un pensamiento real de realizar una compra de ese coche que yo ofrezco.

En la imagen 10 podemos ver cómo el término más específico, "ford fiesta años 70" tiene un volumen de búsquedas muy inferior a los demás, y un nivel de competencia bajo.

2.3 HERRAMIENTAS PARA ANALIZAR PALABRAS CLAVE

En este apartado vamos a ver herramientas que nos van a dar datos que nos ayudarán a decidir cuáles son las palabras clave adecuadas para nuestra estrategia. La mayoría de las que comentaremos son del propio Google, y es que, aunque hay muchas más, es sensato comenzar por las que provee el propio buscador, ya que se trata de información de primera mano. No obstante, siempre es útil contrastar información y por ello, al final del apartado, mencionaremos alguna herramienta adicional.

2.3.1 Sugerencias de Google

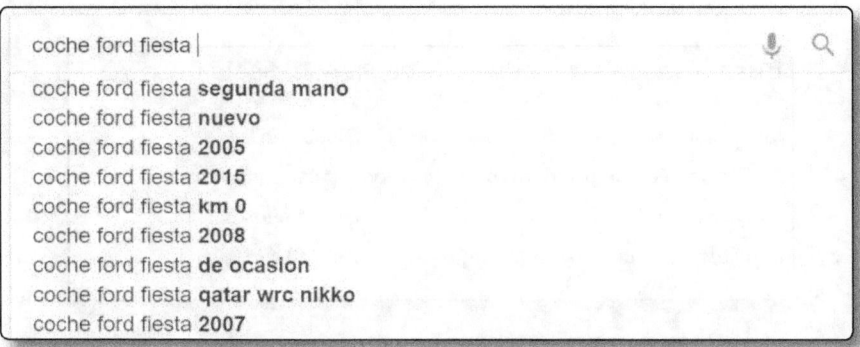

Figura 2.3. Ejemplo sugerencias de Google 1

Cuando buscamos en Google, si introducimos un término y acto seguido ponemos un espacio, el buscador nos mostrará justo debajo, a modo de autocompletar, varios términos que comienzan por lo que hayamos escrito. Estos términos son las búsquedas que más realizan los usuarios colocadas generalmente en orden decreciente de volumen.

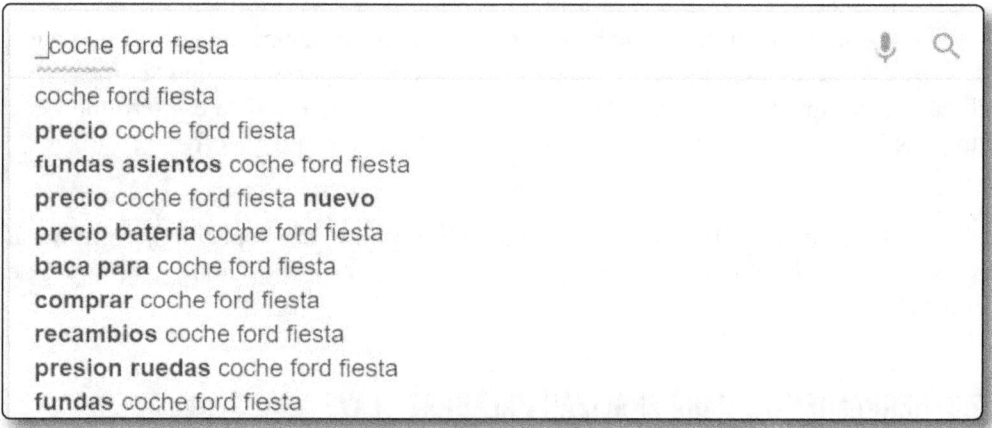

Figura 2.4. Ejemplo sugerencias de Google 2

Adicionalmente, si introducimos un término y en la parte inicial agregamos un guión bajo, aparecerán sugerencias que terminan por el término especificado.

Esta funcionalidad nos aporta gran cantidad de ideas de palabras clave nuevas con las que continuar nuestra investigación.

2.3.2 Búsquedas relacionadas de Google

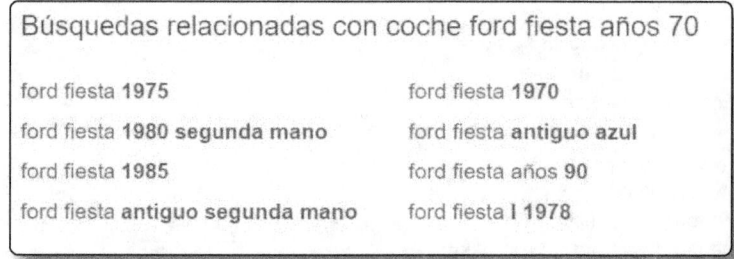

Figura 2.5. Ejemplo búsquedas relacionadas de Google

De manera similar a la anterior, Google nos suministra búsquedas relacionadas con el término de búsqueda empleado, lo cual es también una estupenda fuente para obtener ideas de *keywords* nuevas que investigar.

En este caso debemos fijarnos en la parte inferior de la página de resultados de búsqueda para encontrarlas, una vez realizada la búsqueda.

2.3.3 Número de resultados en la SERP de Google

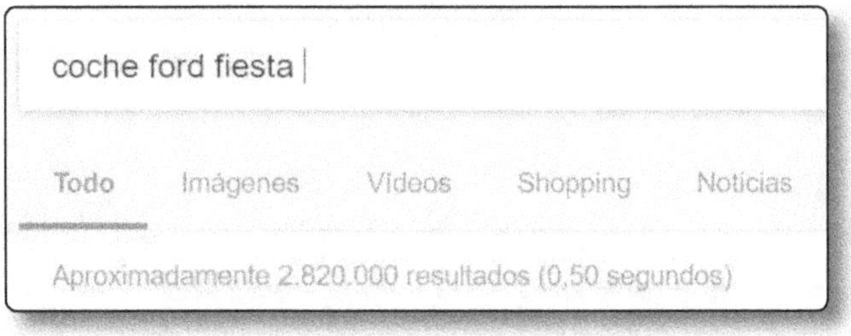

Figura 2.6. Número de resultados en Google

Si recordamos, la página de resultados de búsqueda nos indica en la parte superior el número de resultados que ha encontrado en su base de datos. Es decir, el número total de páginas que tiene el buscador indexadas para ese término de búsqueda, lo que nos da una idea de lo competitivo que es ese término de forma rápida y sencilla.

EJERCICIO

Puedes hacer una simple comprobación. Compara el número de resultados que obtienes realizando una búsqueda con uno de los términos más generales de los que tengas en tu lista con otro que sea *long tail*. Evidentemente la KW *long tail* tendrá muchos menos resultados, por lo que es más fácil de posicionar.

Con esta información y con las herramientas que veíamos anteriormente para medir el ranking de una página o dominio como Alexa o MOZ, ya podemos tener una idea muy completa de la dificultad que puede suponer posicionarnos por un término de nuestra lista.

2.3.4 Google Trends

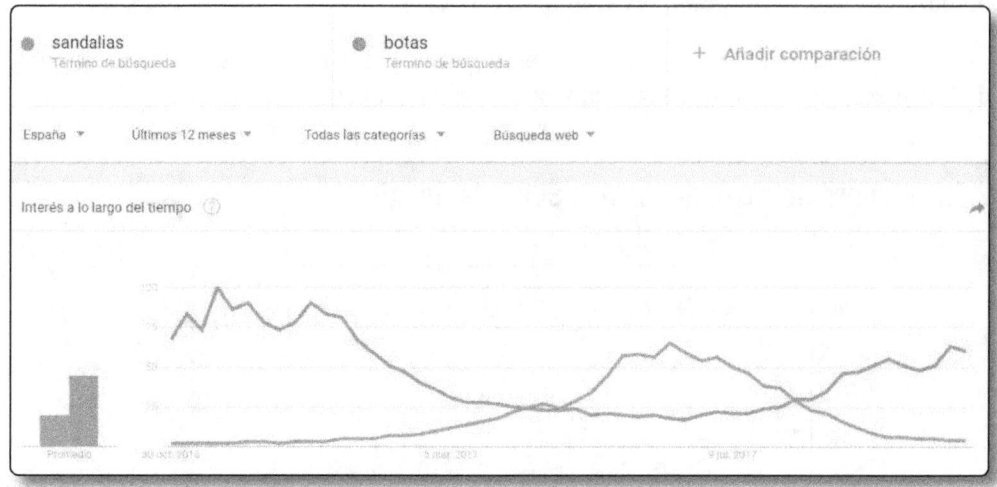

Figura 2.7. Google Trends con términos estacionales

En español, tendencias de Google. Este servicio nos muestra de forma gráfica el volumen de búsquedas a lo largo del tiempo para un término dado, con lo que es especialmente útil para determinar la tendencia de uso de nuestras palabras clave, permitiéndonos detectar si es un término estacional, como pudieran ser los helados, o si está al alza o a la baja, ya que podemos visualizar los datos de varios años consecutivos.

Google Trends también permite comparar términos y visualizar los datos en un país específico o a nivel global.

La desventaja que tiene esta herramienta es que no mostrará datos de términos muy específicos que no tengan un volumen de búsquedas significativo.

En la imagen anterior se puede ver cómo se están comparando los términos *sandalias* y *botas* en España durante los últimos 12 meses. Estos términos son evidentemente estacionales, de forma que si hiciéramos la misma comparación en un país suramericano la gráfica aparecería aproximadamente al revés, por ser allí verano cuando aquí es invierno.

2.3.5 Google Keyword Planner

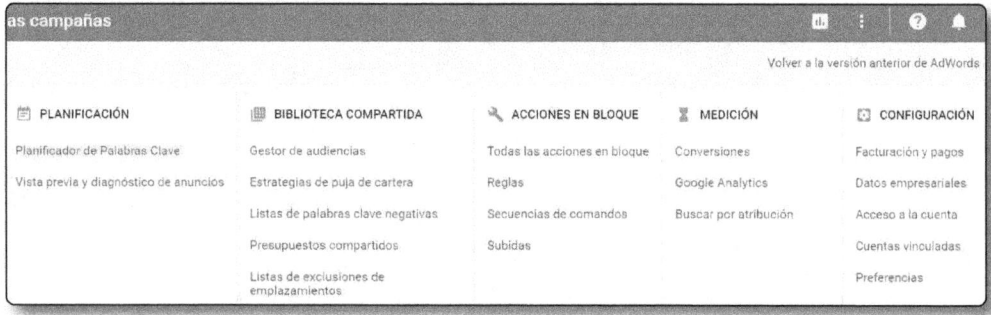

Figura 2.8. Acceso a GKP

2.3.5.1 ACCESO A GKP

El planificador de palabras clave de Google es una herramienta que forma parte de Google Adwords, que es la herramienta publicitaria de Google. Con Google Adwords podemos publicitarnos y aparecer en los resultados etiquetados como *anuncio* que vemos en las páginas de resultados de búsqueda, entre otros. También podemos publicitarnos en YouTube, apps de Google Play y otros anunciantes de la red de *display* de Google.

Google Keyword Planner, a pesar de ser un servicio gratuito, al formar parte de Google Adwords, implica la creación y configuración de una cuenta aquí. Con una cuenta de Google (Gmail) es suficiente para crear la cuenta de Adwords, pero ten en cuenta que, en el proceso de configuración, va a aparecer un asistente que te guiará para que crees una primera campaña publicitaria, lo que implica agregar un método de pago (tarjeta).

Pero no desesperes, si no tienes pensado invertir en *Adwords* por el momento, lo bueno es que puedes inventarte los datos (salvo los de la tarjeta) y tras el proceso, puedes detener la campaña que has creado y no te cobrarán nada. Hay tiempo de sobra para pausar la campaña ya que estas son sometidas a un proceso de validación antes de ser publicadas. No obstante, cuando lo hagas, asigna un presupuesto diario mínimo.

Figura 2.9. Uso de GKP

2.3.5.2 USO DE GOOGLE KEYWORD PLANNER (GKP)

Una vez en la pantalla principal de Google Adwords, nos dirigimos al apartado herramientas y allí veremos el planificador de palabras clave.

El planificador de palabras clave tiene tres funcionalidades, la primera de ellas sirve para obtener ideas de palabra clave nuevas en función de una página web o término de búsqueda que indiquemos. La segunda sirve para obtener datos de volumen de búsqueda medio mensual, nivel de competición y coste aproximado en el caso de que quisiéramos invertir en Google Adwords para una lista de *keywords* que introduzcamos. La tercera sirve para hacer combinaciones de palabras.

>  **TRUCO**
>
> No olvides que hay herramientas para combinar palabras clave mucho más completas que la que ofrece *GKP*, de forma que podemos crear listas enormes de términos para introducir en el planificador de *Google* u otras herramientas comparativas de labras clave. Un ejemplo, *Keyword Combiner (keywordmixer.com/)*, en la que introducimos términos en las diversas columnas y nos genera todas las combinaciones posibles entre las palabras de cada columna.

Normalmente vamos a utilizar la primera o la segunda de las herramientas. La primera para obtener ideas y la segunda para introducir toda nuestra lista y ver datos de interés. Aunque Google Keyword Planner nos muestra las mismas métricas utilicemos la que utilicemos.

Términos de búsqueda	Promedio de búsquedas mensuales	Competencia	Puja sugerida
hamburguesas vegetarianas	3.600	Baja	0,78 €

Mostrar filas: 30 ▼ 1 - 1 de 1 palabras clave

Palabra clave (por relevancia)	Promedio de búsquedas mensuales	Competencia	Puja sugerida
hamburguesa vegetal	3.600	Baja	0,41 €
hamburguesas veganas	2.900	Baja	0,60 €
receta de hamburguesas	2.400	Baja	0,27 €

Figura 2.10. Uso de GKP, obtención de ideas nuevas

La primera de las métricas que vemos es el volumen de búsquedas mensual. Este dato es aproximado y aparece un rango de valores si no invertimos en *Adwords*, como, por ejemplo, entre mil y diez mil. En la imagen anterior vemos valores exactos por ser una cuenta en la que se invierte dinero en publicidad.

La segunda de las métricas nos indica si el nivel de competición para cada término de búsqueda, indicando simplemente si es alto, medio o bajo.

El último es el coste recomendado para pujar por el término de búsqueda en Google Adwords, es decir, lo que nos podría costar cada clic cuando los usuarios hicieran clic en nuestro anuncio una vez publicado. Este dato es interesante aunque no tengamos pensado invertir en publicidad, ya que nos aporta también información del nivel de competición en función de temáticas y del tipo de término, por lo tanto puede servir para completar la información que nos indica la métrica anterior.

EJEMPLO

En la imagen anterior vemos parte del resultado de haber empleado el término *hamburguesas vegetarianas* en la herramienta de obtención de ideas para nuevas palabras clave.

En la parte superior aparecen los datos del término o términos introducidos y en la parte inferior las ideas nuevas.

En este caso coincide que todos los términos tienen un volumen de búsqueda bastante interesante y sin embargo tienen un nivel de competición bajo, con lo cual, sería interesante trabajarlos.

Para concluir, con esta herramienta podemos obtener información muy certera acerca las *keywords* que tenemos en nuestra lista y podremos tomar decisiones para depurarla. Por ejemplo, un término de búsqueda que tenga un nivel alto de competición y un volumen de búsqueda bajo, en general será poco rentable de trabajar. Por el contrario, los términos ideales son aquellos que tienen un escaso nivel de competición y que además tengan un elevado volumen de búsquedas, aunque eso en general es difícil de encontrar. Lo que sí nos encontraremos en muchas ocasiones, sobre todo para los términos *long tail*, será un nivel escaso de competición y de búsquedas.

2.3.6 Otras herramientas

Hay otras herramientas para conseguir información relevante para refinar nuestra lista de palabras clave, de hecho, muchas. Es un sector muy vivo y en el que no dejamos de ver avances y nuevos proyectos, así que no dudes en consultar o buscar nuevas. Yo voy a mencionar una que considero muy útil y que además sirve específicamente para este trabajo de investigación: *KWFinder*.

2.3.6.1 KWFINDER – HERRAMIENTA DE INVESTIGACIÓN Y ANÁLISIS DE PALABRAS CLAVE

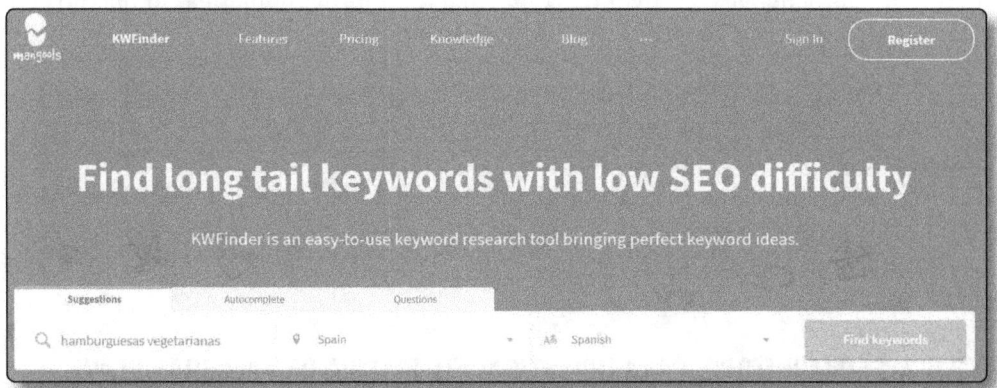

Figura 2.11. KWFinder

Como indican ellos mismos en su descripción, es una herramienta que sirve para obtener nuevas ideas de palabras clave, viendo datos similares a los que podemos encontrar en las herramientas que hemos visto anteriormente del propio Google, pero todo recogido en una misma página, y con una vista muy agradable y con colores.

Para comenzar a utilizarla, introducimos palabra clave, ubicación e idioma.

EJEMPLO

A continuación, vemos una captura para el término *hamburguesas vegetarianas* para España y español:

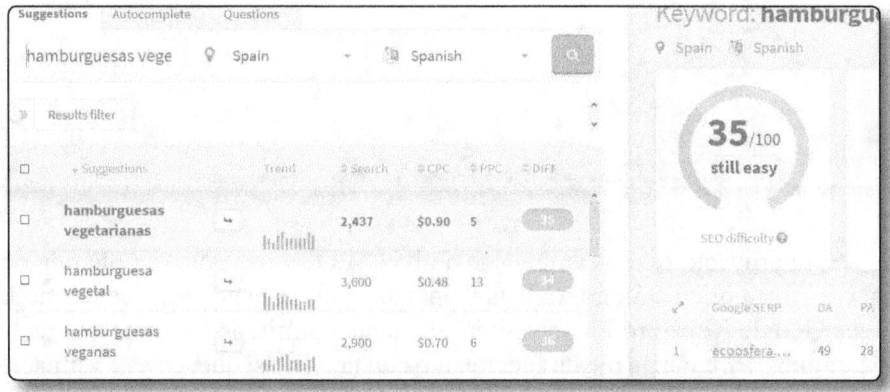

Figura 2.12. KWFinder hamburguesas vegetarianas

Como se puede observar, hay algunas ventajas respecto al planificador de palabras clave de Google, ya que visualizamos los datos del volumen de búsqueda de forma más acotada y el nivel de competición de forma numérica, lo que nos da una mejor idea de la dificultad.

Otra de las funcionalidades es que en el panel de la derecha vemos también cuáles son las páginas que aparecen en los primeros resultados para el término de búsqueda especificado, además con una serie de métricas, como el nivel de autoridad de *MOZ*, una estimación de visitas y algunas otras métricas que aún no hemos visto.

La desventaja es que en la versión gratuita solo podemos hacer 3 búsquedas diarias.

2.3.6.2 SEO MONITOR – PARA INVESTIGACIÓN MASIVA DE PALABRAS CLAVE

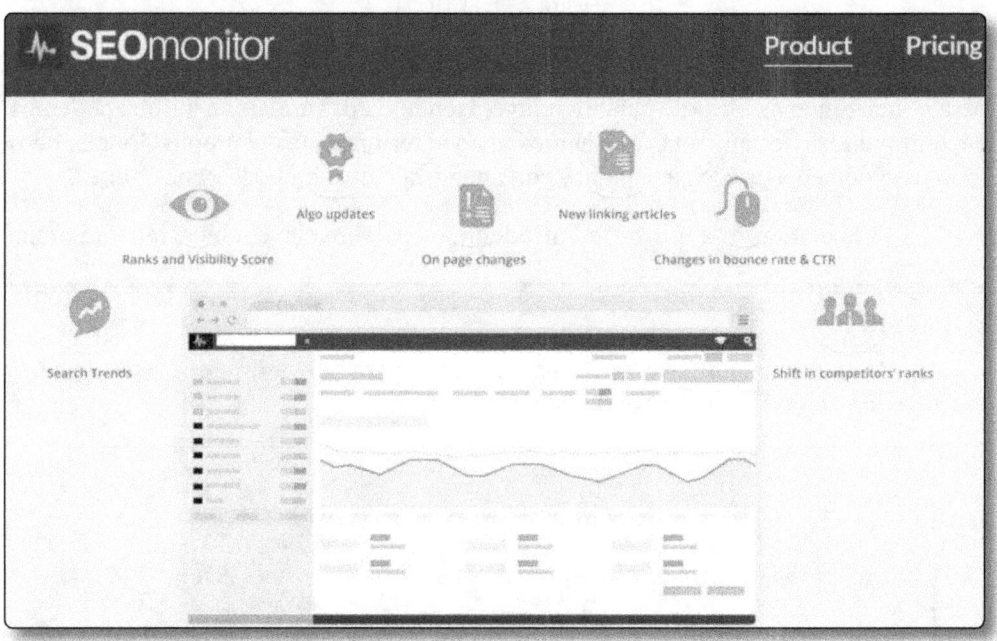

Si tu proyecto es más ambicioso a nivel SEO, como por ejemplo una tienda virtual con un amplio catálogo, tu lista de palabras clave puede ser demasiado larga y aunque Google Keyword Planner supuestamente permite la introducción de hasta 1.000 términos, a mí nunca me ha funcionado con tantos, así que, en estas situaciones puede serte útil contar con una herramienta como *SEO Monitor*, que es de pago y de las caras. Ahora mismo, unos 200 dólares al mes. Pero si eres capaz de sacarle partido, merece la pena.

Lo bueno es que se puede probar durante 14 días de forma gratuita y de ese modo hacer de golpe toda la investigación inicial.

Esta herramienta no solo te da la misma información que las anteriores, para una gran cantidad de palabras clave, sino que además te ayuda a detectar las oportunidades de forma fácil y visual. Otra interesante funcionalidad es que nos permite ver los términos de búsqueda que han empleado los usuarios que aparecen marcados como "not provided" en Google Analytics.

Aún no hemos visto Analytics, pero adelanto que la mayor parte de las consultas que hacen los usuarios para acceder a nuestra web aparecen ocultas por cuestiones de privacidad.

2.4 DISTRIBUCIÓN DE PALABRAS CLAVE

Hasta aquí hemos visto como estudiar los términos de búsqueda para confeccionar nuestra lista de *keywords* a trabajar. Ahora vamos a ver cómo debemos distribuir esas palabras clave en nuestro contenido para posteriormente conocer más en detalle cómo hacemos las cosas a nivel técnico.

Lo primero que debemos tener en cuenta es que **las arañas se mueven entre las páginas a través de los enlaces**.

En un sitio web actual, los menús de navegación, las categorías y las etiquetas de artículos en un blog o de productos en una tienda virtual, son ejemplos de enlaces que podemos encontrar entre las páginas de un sitio web y que, además sirven para dotarlo de una estructura organizativa lógica y jerarquizada que ayudará, tanto a buscadores como a usuarios, a comprender mejor el sitio y moverse por las páginas de manera intuitiva.

Figura 2.13. Pirámide de distribución de kws

Podemos en este sentido representar nuestro sitio web como si fuera una pirámide en la que en la cúspide estaría la página de inicio, un nivel por debajo las categorías, y en la base, los artículos del blog o los productos.

Por supuesto puede haber más niveles puesto que pueden existir subcategorías, pero esto nos puede dar una idea sobre cómo organizar las palabras clave, colocando las más genéricas en las categorías y los términos más específicos (*long tail*) en la base, es decir, distribuidos por los contenidos.

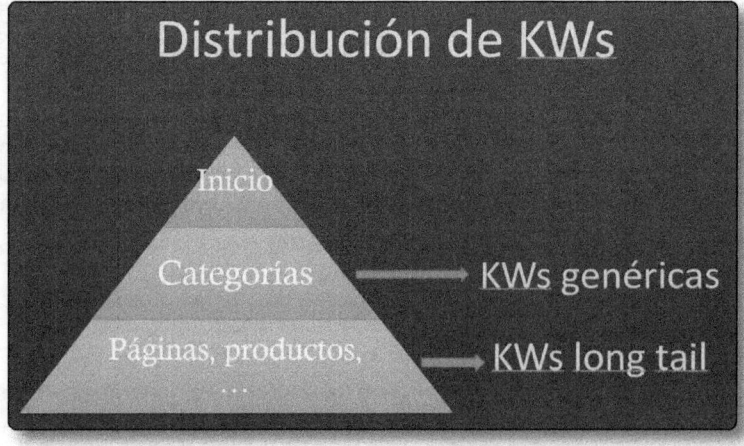

Figura 2.14. Pirámide de distribución de kws 2

Esto tiene sentido además con el hecho de las páginas se posicionan de manera independiente y no tiene sentido que trabajemos la misma *keyword* en más de una.

Esto lo conocemos en el sector como canibalismo, ya que competirían entre ellas, puesto que el buscador normalmente no va a mostrar más de una página de un mismo sitio en la misma página de resultados de búsqueda (SERP).

2.4.1 Distribución por silos

Desde hace un tiempo está dando mucho de qué hablar esta técnica organizativa por silos, que consiste en organizar las categorías, subcategorías y contenidos de estas de forma aislada, tratando de no enlazar entre sí elementos que no pertenezcan a la misma rama y trabajar así de forma más intensiva y organizada las palabras clave que están directamente relacionadas entre sí.

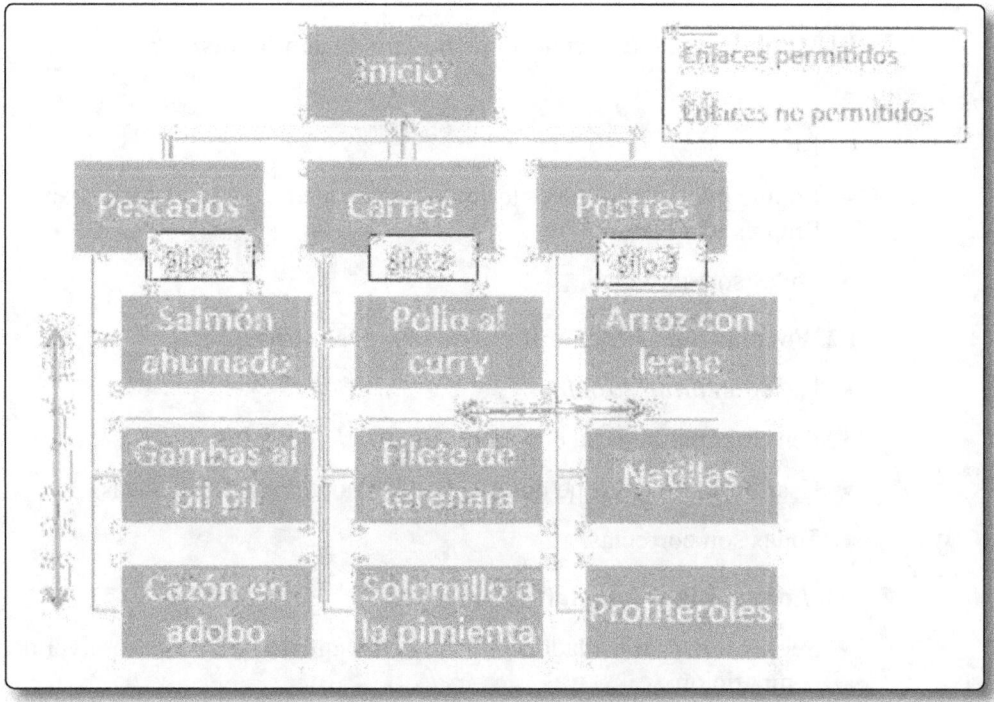

Figura 2.15. Distribución por silos

EJERCICIO PROPUESTO CAPÍTULO 2

Lo siguiente que debemos hacer es una estrategia en la que indiquemos en qué página vamos a centrarnos en cada una de las palabras de nuestra lista.

Aquí puedes acceder a una plantilla de ejemplo que puedes usar para organizar tu lista de palabras clave para SEO:

link.diegocmartin.com/njyrft

Se trata de un documento de hoja de cálculo compartido en Google Drive. Desde el menú archivo puedes descargarlo en formato de hoja de cálculo para Microsoft Excel o herramientas compatibles o bien crear una copia en tu unidad de Google Drive.

CUESTIONES CAPÍTULO 2

▼ **P1. ¿Palabra clave y término de búsqueda son lo mismo?**
- Sí.
- No.
- Lo que para el usuario es término de búsqueda, para los que hacemos SEO es una KW.
- Todas son correctas.

▼ **P2. Formas para obtener ideas de palabras clave son..**
- Hacer un *brainstorming*.
- Pensar como lo haría el cliente objetivo.
- Usar herramientas que nos ayudan con la generación de ideas.
- Todas son correctas.

▼ **P3. Los términos long tail…**
- Suelen tener un elevado volumen de búsquedas y un escaso nivel de competición.
- Suelen tener un escaso volumen de búsquedas y un escaso nivel de competición.

- Suelen tener un elevado volumen de búsquedas y un elevado nivel de competición.
- Suelen tener un escaso volumen de búsquedas y un elevado nivel de competición.

▼ **P4. La información que nos suministra el propio Google...**

- Es poco fiable porque solo les interesa vender.
- Es la primera fuente de información a la que debemos acudir para obtener información sobre términos de búsqueda.
- Es la única y mejor fuente para obtener información sobre términos de búsqueda.
- Todas son correctas.

▼ **P5. El planificador de palabras clave de Google...**

- Suministra información acerca de volúmenes de búsqueda y nivel de competición entre otras cosas.
- Es una herramienta que forma parte de Google Adwords.
- Nos permite importar y analizar una gran cantidad de palabras clave de una vez.
- Todas son correctas.

3

ANÁLISIS DE LA COMPETENCIA

Figura 3.16. Snake Eyes vs Luke vía JD Hancock

3.1 POR QUÉ HACER UN ESTUDIO DE COMPETIDORES Y SUS BENEFICIOS

Realizar un estudio del nivel de competición en tu mercado es fundamental para comprenderlo mejor y saber cuál es el lugar que te corresponde dentro de él y así poder establecer una estrategia más coherente y certera.

Analizando cómo nuestros competidores trabajan en Internet podemos obtener información acerca de sus productos y servicios, sus estrategias de fidelización y relación con el cliente e incluso, cuánto tráfico llega a sus sitios web, de dónde viene ese tráfico y qué intentan hacer con ese tráfico.

Además, por el camino vamos a conocer otros socios o proveedores con los que trabajen ellos, lo que a su vez nos aportará una información más completa además de darnos ideas adicionales para nuestra estrategia de posicionamiento.

Sin ir más lejos, ayer mismo descubrí una compañía de envío urgente de paquetería que parece ser muy eficaz y rápida a raíz de haber hecho un pedido en *PC Componentes*, uno de los principales vendedores *online* de electrónica en España. La empresa se llama *Redyser* y miraré cuidadosamente las condiciones y servicios que frecen en cuanto me surja la necesidad.

3.2 COMPETIDORES ONLINE

Lo primero que debes preguntarte es si tu competidor *online* es el mismo que el competidor *offline* o físico o no y cómo este puede afectarte. Por ejemplo, si hablamos de posicionar una frutería, los competidores *offline* serán aquellas fruterías que estén ubicadas en el mismo barrio o zona, por ser en general las fruterías negocios normalmente locales, es decir, que ofrecen sus servicios de forma local en una zona determinada.

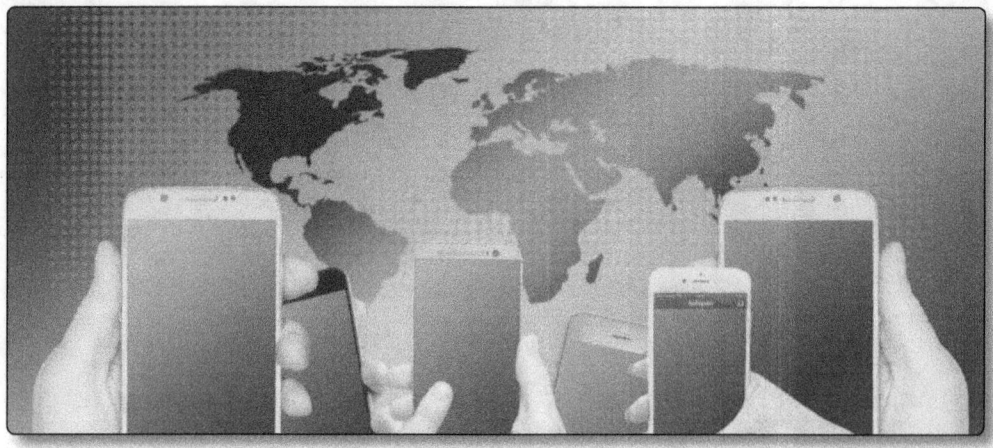

Por otro lado, y siguiendo con el mismo ejemplo de la frutería, es posible que hagamos una primera búsqueda para detectar competidores *online* a través de un término general con los que nos tratamos de posicionar.

EJEMPLO

Buscamos "manzana golden" y nos aparecen páginas informativas como la Wikipedia o algún blog que hable sobre alimentación saludable o sobre frutas en general.

Estos no venden la manzana Golden, pero sí que están posicionados por ese término en el buscador y por tanto podríamos pensar en considerarlo como un competidor en términos SEO, ya que ocupa una de las primeras posiciones en las SERP para ese término de búsqueda.

No debemos considerar a esta clase de sitios web como competidores a ganar en nuestra estrategia SEO, ya que tendríamos que realizar un gran esfuerzo para ganarles la posición y en un momento dado pueden ser aliados y generar sinergias con nuestro proyecto si, por ejemplo, conseguimos que nos envíen enlaces.

Por tanto, no vamos a dejar de lado estas páginas influyentes, aunque tampoco las vamos a considerar competidores.

Tampoco vamos a considerar competidores a aquellas páginas que sigan una estrategia totalmente distinta a la nuestra y que, por tanto, no nos molesten en términos de negocio.

En el ejemplo de la frutería, otra frutería que ofrezca sus productos en una ubicación distinta a la nuestra, lo descartaríamos como competidor.

Si nosotros o ellos vendiéramos *online* y una o varias ubicaciones de venta fueran comunes, sí que sería un competidor.

Hablamos de ubicación al igual que podríamos hablar de alguna otra distinción estratégica. Por ejemplo, si hablamos de hoteles de lujo, podríamos no considerar como competidores a los albergues, ya que el público al que se dirigen es bien distinto.

3.3 EN QUÉ FIJARNOS Y HERRAMIENTAS PARA EL ANÁLISIS DE COMPETIDORES

3.3.1 Primero el listado de competidores

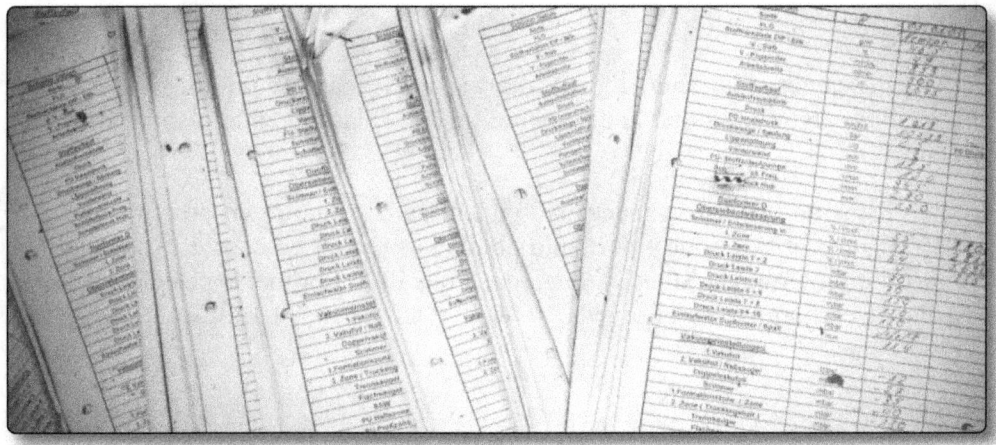

Lo primero sería comenzar a hacer un listado en el que ir anotando la información que vamos obteniendo, tanto de nuestro sitio web, como de aquellos competidores que consideremos relevantes.

En el ejercicio propuesto para esta lección encontrarás una hoja de cálculo que puedes utilizar para ir anotando la información.

Una simple **búsqueda en Google** nos puede ayudar en este sentido. Aunque, como sabemos, lo primero que aparece en los resultados de búsqueda son anuncios y aunque estos no están ahí por cuestiones SEO, sí que puede ser interesante contemplarlos, ya que, si están ahí, es porque sus propietarios están invirtiendo su dinero en publicitar su negocio por esa misma palabra clave.

No es necesario agregar a nuestra lista a todas aquellas empresas o entidades que aparezcan en los resultados de búsqueda, ya que entonces, si tenemos una lista considerable de palabras clave por las que posicionar, la lista de competidores sería enorme.

Realizaremos varias búsquedas y nos quedamos únicamente con aquellos que tengan muchas cosas en común o que posicionen por muchas de las KW por las que nos pretendemos posicionar.

La profundidad de este estudio depende del tiempo que tengas disponible y del sector en que te muevas, ya que como se puede llegar a entender, esto puede llevar mucho tiempo.

EJEMPLO

Si quisiéramos hacer un estudio de competidores para una farmacia *online*, en la que fácilmente el catálogo puede ser de unos 3.000 o 5.000 productos como poco, y cada producto es una palabra clave en sí que desearíamos posicionar, imagina el tiempo que te puede llevar si deseas analizar a los competidores que encuentres en los 10 primeros resultados de búsqueda para cada producto.

	Domain	Category	Global Rank	Affinity
1	amazon.es	Shopping > Gene...	#248	> 99.9%
2	carrefour.es	Shopping	#3,200	> 99.9%
3	fnac.es	Shopping	#11,272	> 99.9%
4	hipercor.es	Shopping	#49,875	> 99.9%
5	mediamarkt.es	Shopping > Cons...	#2,232	99.81%

Figura 3.1. Similar web con El Corte Inglés

Otra herramienta muy útil para detectar rápidamente competidores es *Similar web*. Con esta herramienta, introducimos un dominio y tras el análisis obtendremos una gran cantidad de datos que mencionaremos más detenidamente con otras herramientas.

En una de las secciones del informe, veremos "Similar Sites", o sitios similares, en la que podremos identificar algunos sitios que esta herramienta estima que pueden ser competidores en función del contenido y palabras clave que encuentra dentro.

En la imagen anterior vemos los 5 primeros competidores que aparecen al estudiar la empresa El Corte Inglés, que para quien no la conozca, es una cadena de grandes superficies muy extendida en España, que ofrece todo tipo de productos y que además cuenta con tienda virtual.

No es de extrañar que entre los competidores aparezcan Amazon, Carrefour, Fnac o Mediamarkt.

3.3.2 Analizar a los competidores

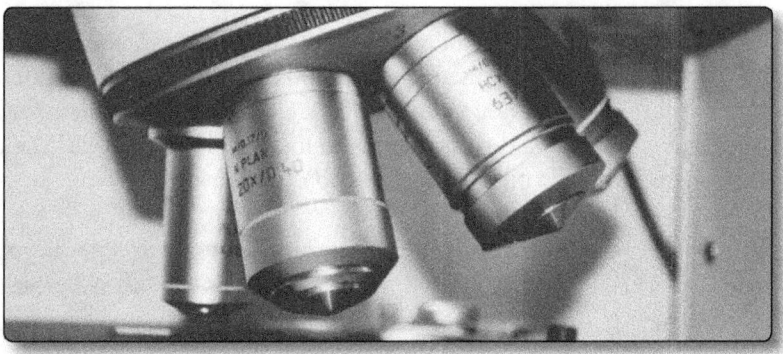

A la hora de analizar a un competidor en particular vamos a tratar de determinar el volumen de visitas que su web tiene, las palabras clave que le posicionan y otras vías por las que le llegue el tráfico como las redes sociales o enlaces de otros sitios.

También podemos ver cómo están hechas las páginas web a nivel técnico y las características de su nombre de dominio.

3.3.2.1 DATOS DE TRÁFICO Y PALABRAS CLAVE

Figura 3.2. Buscar sitios en Alexa

Para obtener estimaciones de tráfico, procedencia de los usuarios y palabras clave podemos utilizar algunas de las herramientas que ya hemos mencionado como Alexa o Similar Web.

Puesto que Similar web, lo que hace es importar los datos de Alexa, vamos a ver primero lo que muestra Alexa.

Si nos dirigimos a *www.alexa.com* podemos introducir un dominio para proceder a su análisis. (Hay que bajar un poco en la página para localizar el cuadro de búsqueda que se muestra en la imagen anterior).

En la página resultante veremos en primer lugar la posición que ocupa el sitio web en el ranking global y en el país que le lleva el porcentaje principal de tráfico, así como un gráfico con las oscilaciones en el ranking en el último trimestre:

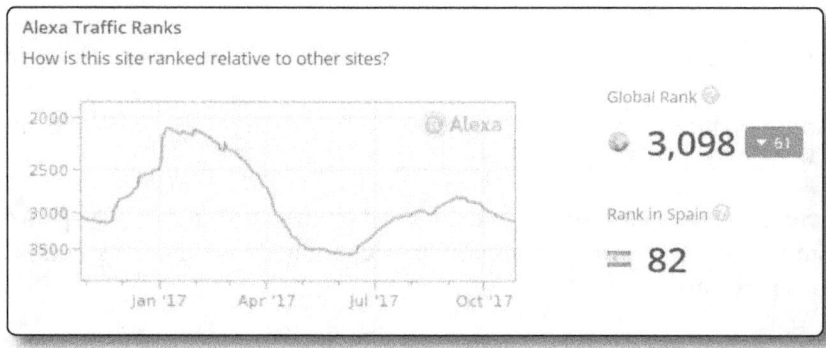

Figura 3.3. El Corte Inglés en Alexa. Ranking

Más abajo podemos ver el porcentaje de tráfico que el sitio recibe por países y datos medios de comportamiento, concretamente Tasa de rebote (*bounce rate*), páginas vistas por visitante (*pageviews per visitor*) y tiempo medio de la visita (*time on site*).

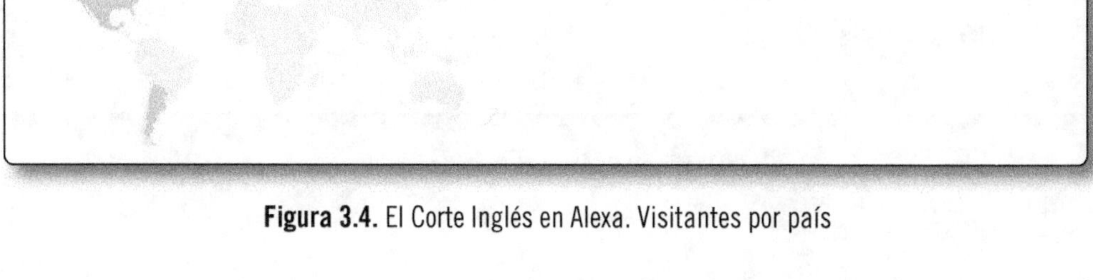

Figura 3.4. El Corte Inglés en Alexa. Visitantes por país

Figura 3.5. El Corte Inglés en Alexa. Interacción de los visitantes

EJEMPLO

En las imágenes anteriores podemos ver que en el caso de El Corte Inglés el 90,1% del tráfico proviene de España y el resto de otros países de habla hispana, y cómo ha habido un incremento considerable de la tasa de rebote, así como aumentos en las páginas vistas y en el tiempo medio de la visita.

Sería interesante descubrir qué cambios están haciendo en la web para obtener esta disminución. Haciendo un seguimiento continuado de nuestros competidores podríamos percatarnos de esto.

En la parte inferior del informe de Alexa podemos ver un gráfico que indica el porcentaje de visitas que provienen de tráfico orgánico, es decir, directamente desde páginas de resultados de buscadores y en el panel derecho, los 5 términos de búsqueda que más tráfico proveen al sitio, con sus respectivos porcentajes.

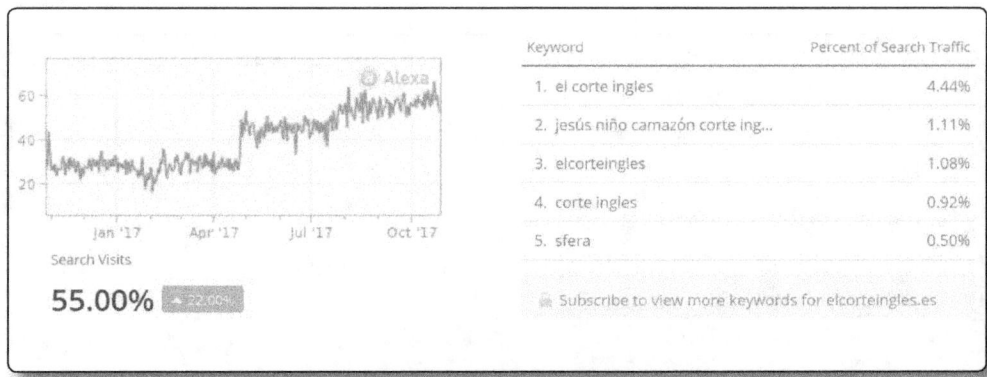

Figura 3.6. Alexa el Corte Inglés

EJEMPLO

En el caso de El Corte Inglés vemos que hay un incremento en el porcentaje de visitas provenientes de tráfico orgánico, lo que nos indica que están haciendo cambios positivos en su estrategia SEO.

Los términos de búsqueda que vemos que le llevan tráfico no serían muy relevantes si somos competidores, ya que se trata de palabras clave de marca que ningún otro va a utilizar en su estrategia de posicionamiento, a excepción de "jesús niño camazón", que es un autor.

Si trabajáramos vendiendo libros de este mismo autor sería interesante investigar más acerca de por qué y cómo está El Corte Inglés posicionado por este término. Probablemente han hecho alguna campaña agresiva en algún lanzamiento, tienen muchos libros de este autor, o algo similar.

Es importante tener en cuenta que estos datos son de los últimos días, por ello tendremos que hacer un seguimiento constante de los competidores. En este sentido, si no queremos hacerlo todo a mano, siempre podemos recurrir a utilizar una herramienta específica que nos permita ver datos históricos y más detallados. Normalmente estas herramientas son de pago.

Con Similar web, en la versión gratuita podemos ver algunos datos más que en Alexa, todo más ordenado y colorido. Por ejemplo, en la sección "Website Audience" (audiencia del sitio), que podemos encontrar tras analizar un sitio web, podemos ver el tráfico total aparte del resto de métricas que nos mostraba Alexa.

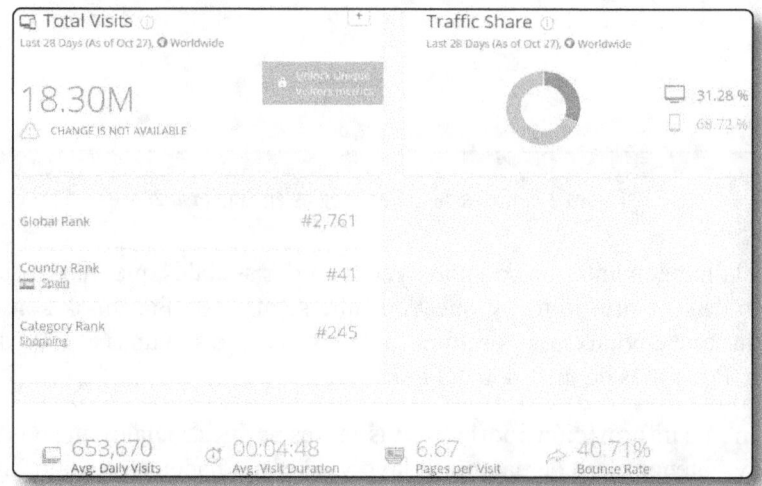

Figura 3.7. Website audience en Similar we

También podemos recurrir a una estupenda herramienta llamada *Buyback Machine*, que podemos encontrar en *Archive.org*. Esta herramienta hace un histórico de los sitios web, de forma que podemos visualizar versiones pasadas y podríamos comparar. Comentaremos de nuevo esta herramienta cuando hablemos sobre dominios más adelante.

3.3.2.2 REDES SOCIALES

Con herramientas como *Similar web* también podemos ver datos del tráfico procedente de redes sociales, lo cual es muy interesante porque de un solo vistazo podemos visualizar cuáles son aquellas redes que trabajan de forma más intensiva.

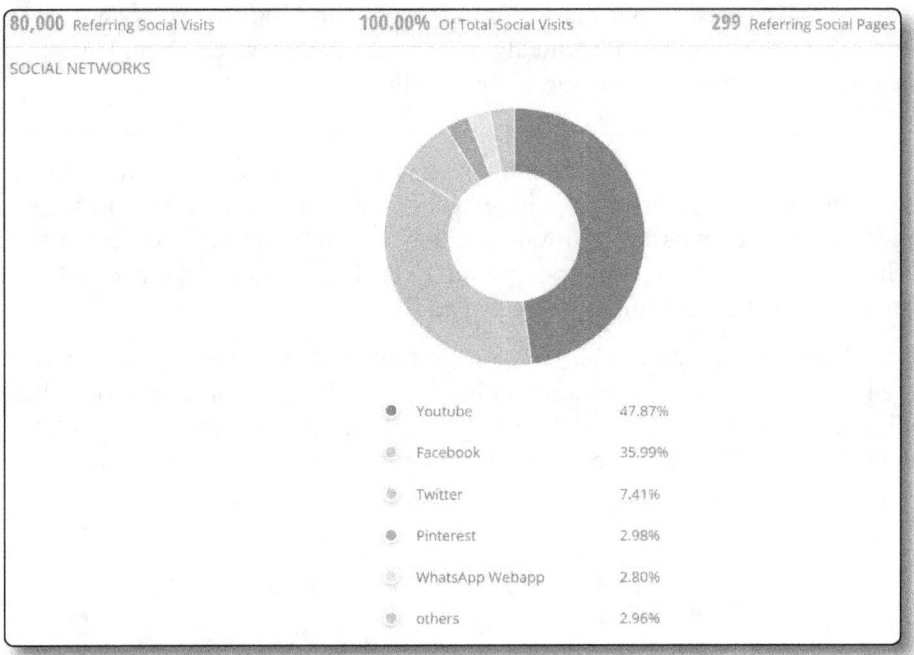

Figura 3.8. Redes de El Corte Inglés en Similar web

En la imagen anterior podemos ver las redes sociales que más tráfico llevan al sitio web de El Corte Inglés y que YouTube seguida de Facebook son con gran diferencia las que envían el mayor número de visitas, que son unas 80.000 durante el último mes. Poco más de un 1,4% del total.

Con esta información podríamos visitar los perfiles sociales que nos interesen para mirar y obtener ideas de palabras clave y de cómo hacen su trabajo, fijándonos en cosas como la frecuencia y tipo de publicaciones, su alcance o interacción.

3.3.2.3 EN QUÉ FIJARNOS EN CUESTIONES TÉCNICAS

Para empezar, nos puede interesar conocer con qué gestor de contenidos o entorno de desarrollo está hecha la web de nuestros competidores. Si por ejemplo es WordPress o una tienda virtual en Prestashop.

Esta información la conseguimos rápidamente si introducimos una web en la herramienta *Built with*.

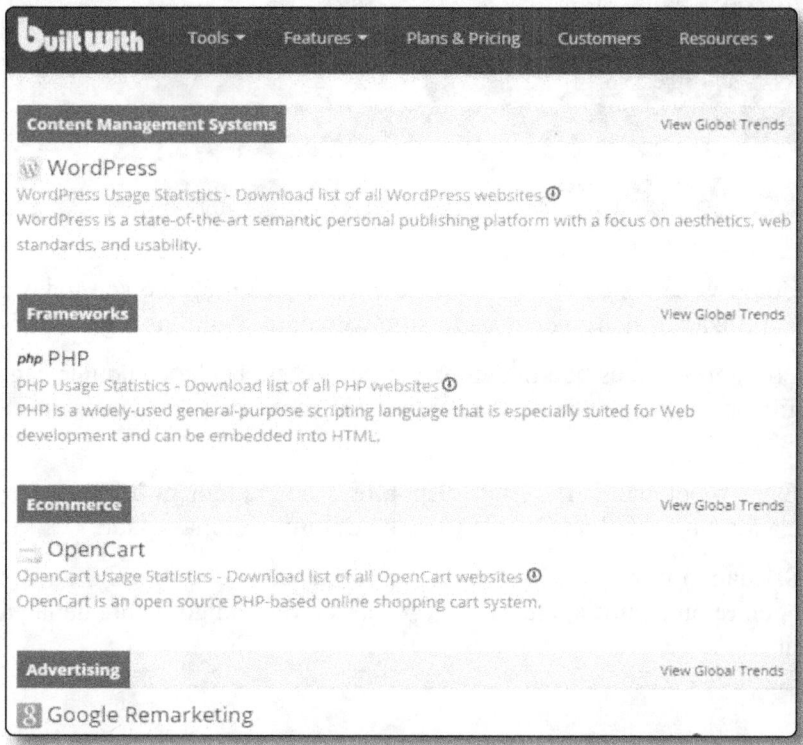

Figura 3.9. Grattify en Builtwith

Como podemos ver en la imagen anterior, detecta que en *Grattify.com* utilizan Wordpress para el blog, Opencart para la tienda virtual y mucha otra información de interés como que invierten en publicidad en Google y Facebook, los componentes que utilizan en su sitio web, que usan Google Analytics, etc.

Toda esta información no solo nos vale para conocer mejor a los competidores, sino que, además, junto con los datos a nivel global que podemos ver en el enlace que aparece a la derecha de cada sección "View Global Trends", podemos tomar decisiones relativas a qué tecnologías utilizar en nuestro proyecto.

3.3.2.4 EL SEO TÉCNICO Y EL INSPECTOR DE ELEMENTOS

Como veremos en el capítulo siguiente, el SEO técnico son todas aquellas reglas que utilizamos dentro de nuestro sitio web para seguir las reglas del juego.

Lo interesante es que podemos ver cómo está hecha cualquier página web con la utilidad del inspector de elementos y la capacidad de visualizar su código fuente.

Estas funcionalidades están disponibles en cualquiera de los navegadores más utilizados, aunque el de Google Chrome es quizás el más usado.

Si cuando navegamos por una página hacemos clic derecho encima de un elemento, entre otras, nos aparecen las opciones "Ver código fuente de la página" e "Inspeccionar".

Figura 3.10. Ver código fuente

Ver código fuente nos sirve para ver todo el código con el que está escrita la página que estábamos visualizando. Aquí encontraremos una mezcla de diversos lenguajes de programación web, principalmente HTML y CSS.

HTML funciona con etiquetas, si sabemos el nombre de una etiqueta y para lo que sirve, no tiene mucha ciencia localizarla. Solo hay que tener en cuenta que las etiquetas van entre <> y que tienen cláusula de inicio y de cierre. Por ejemplo, para detectar el título de la página buscamos la etiqueta <tittle>.

Para buscar en el navegador normalmente puedes pulsar la combinación de teclas Ctrl + F.

Personalmente uso el navegador Firefox para esto, ya que presenta la información de forma más limpia y ordenada.

Pruébalo. Deberías ver algo como esto:

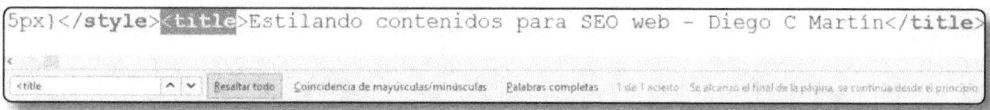

Figura 3.11. Localizar etiqueta tittle en el código

Código:
<title>Estilando contenidos ...</title>

La imagen anterior indica que el título de la página es *"Estilando contenidos ... "*. La etiqueta *tittle* indica al navegador el título que debe aparecer en la barra de título de la pestaña o navegador en la parte superior, y como veremos es importante para SEO.

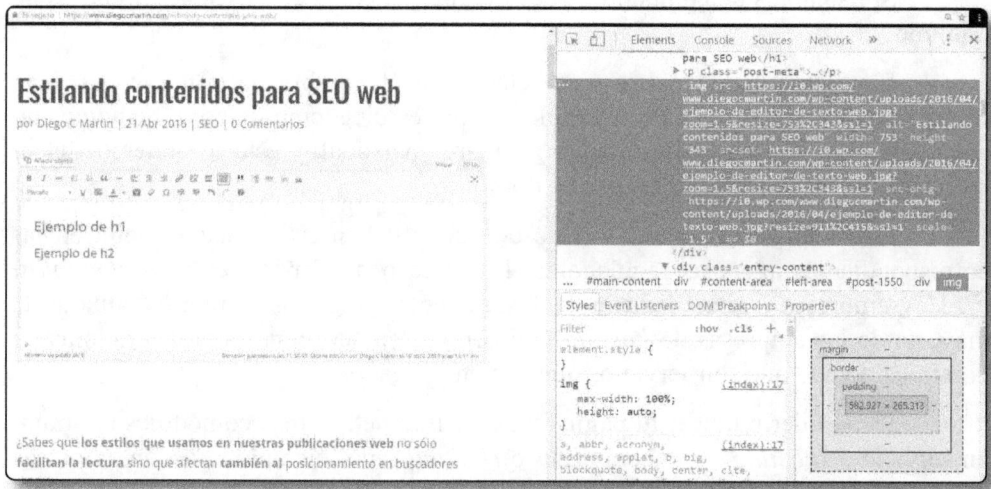

Figura 3.12. Inspector de elementos de Chrome

Por otra parte, el inspector de elementos sirve para ver el código y comportamiento de cualquier elemento que encontramos en una página. De esta forma podemos visualizar la configuración SEO de cualquier sitio web en cualquier momento.

Cuando conozcamos en detalle los elementos de interés para SEO, podrás investigar cómo lo hacen tus competidores.

3.4 BONUS: DOMINIOS

Si hablamos de competidores es interesante conocer más sobre nombres de dominio.

En primer lugar, debes tener claro que el nombre de dominio es cómo llamamos a los sitios web. Por ejemplo, el mío es diegocmartin.com. he adquirido ese nombre de dominio para trabajar mi marca personal, y esto lo podemos hacer mediante una empresa registradora de dominios.

Las empresas registradoras de dominios deben estar dadas de alta en las correspondientes agencias reguladoras. En el caso de España, es *www.dominios. es*. Hay empresas que se dedican exclusivamente a registrar dominios, aunque la mayoría de las empresas de *hosting* también suelen ser empresas registradoras de dominios debido que son servicios que suelen ir ligados.

Para poder publicar tu página web en Internet, lo más cómodo es contratar un servicio de *hosting*. Conocerás *1&1* o *Hostinger* por ejemplo, que son empresas sólidas y conocidas a nivel internacional, aunque como ya hemos hablado, yo siempre recomiendo utilizar servicios del país donde vayas a desarrollar tu labor o donde estén los usuarios a los que te dirijas.

Estos suelen atender de forma más personalizada y no tienen ofertas engañosas como ocurre con las grandes, que parece que comienzas pagando poco, pero luego te cobran por cada pequeño servicio adicional y generalmente necesario para cualquiera que tenga un proyecto serio.

En España, Arsys es la empresa más sólida, aunque un poco cara. Personalmente trabajo con *Loading* porque tienen buenos precios y el soporte técnico que ofrecen es excelente además de rápido. Pero hay muchas otras muy buenas que podrás encontrar si contrastas un poco.

En cualquiera de los mencionados podrás registrar dominios.

Los nombres de dominio se asocian a las direcciones IP de los proveedores de *hosting* de forma que puedes tener alojado tu sitio web en una empresa y el dominio en otra, de la misma forma que puedes tener diversos dominios apuntando a una sola página web.

También debes saber que los dominios adquieren autoridad y posicionamiento, tanto de forma positiva, como negativa. Por ello es interesante investigarlos un poco. Esto nos vale tanto si tenemos pensado registrar uno, como para investigar a nuestros competidores.

Ten en cuenta que los dominios se pueden trasladar, de hecho, hay todo un mercado de personas o entidades que registran dominios para su posterior venta.

También puede ocurrir que un dominio estuviera anteriormente en uso, pero no se renovara su registro y por lo tanto queda libre para ser adquirido de nuevo.

Por ejemplo, si no investigamos primero un poco, puede ser que nos veamos en la situación de adquirir un dominio que esté en listas negras por hacer *spam*.

A continuación, vamos a ver 3 herramientas con las que obtener información valiosa sobre dominios.

3.4.1 Conocer datos de registro de un dominio

Hay muchas herramientas para esto, si buscamos "who is" en Google las encontraremos.

A mí personalmente me gusta *whois.domaintools.com*. No tenemos más que poner un dominio en la barra de búsqueda y nos dirá, entre otras cosas, dónde se encuentra registrado, datos de la persona que lo ha registrado o la primera información que se tiene de la existencia de ese dominio.

Por ejemplo, he buscado Carrefour.es. Me dice que está registrado en Seattle, USA, con una empresa llamada *Incapsula*, y que se tienen datos desde 2009.

Los datos de la persona registrante en este caso no aparecen, ya que se puede adquirir un servicio adicional de privacidad de los datos para que estos no aparezcan publicados.

3.4.2 Conocer si un dominio se encuentra en listas negras

Con la herramienta *https://mxtoolbox.com/blacklists.aspx* podemos verificar si un dominio se encuentra en listas negras por envío de spam o similar.

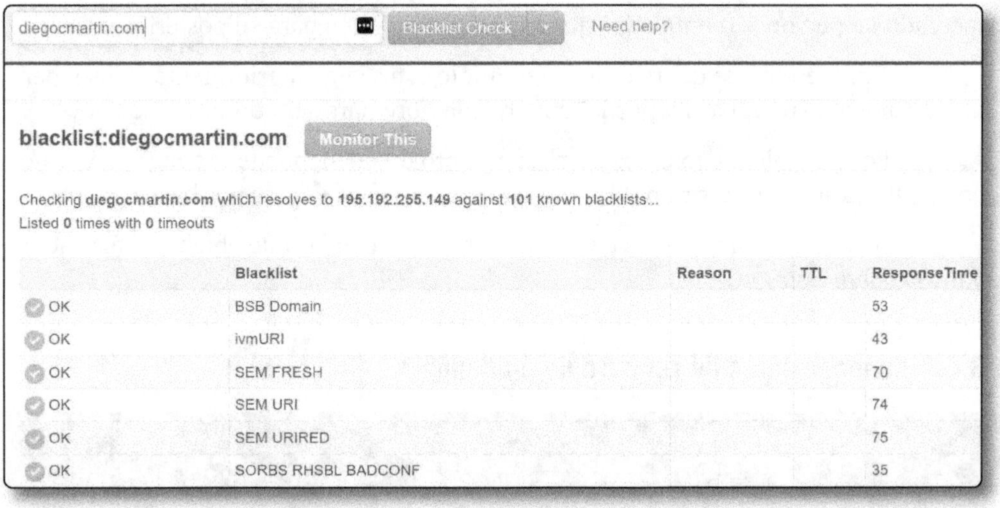

Figura 3.13. Chequeo de listas negras para dominios

En la imagen anterior se puede ver parte del informe para mi dominio, diegocmartin.com, aunque no se visualiza completo, en la cabecera se indica que no se ha encontrado lista en ninguna de las 101 listas dónde esta aplicación ha comprobado, así que, podemos considerar que el dominio no se encuentra en ninguna lista negra.

Si un dominio se encuentra en una lista negra no podrá generar tráfico orgánico ya que no aparecerá en los resultados de búsqueda de los buscadores o será fuertemente penalizado. Salir de una lista negra es difícil, con lo cual es preferible no llegar a estar nunca en ellas.

Si no abusamos de técnicas ilícitas para obtener tráfico o realizar envíos masivos por email, no deberíamos aparecer aquí.

A estas técnicas las llamamos "black hat" y no es recomendable utilizarlas a menos que se tenga un elevado conocimiento de lo que se hace, precisamente por las penalizaciones.

3.4.3 Conocer el pasado de un dominio

Existe otra herramienta muy interesante y divertida con la que podemos visualizar estados anteriores de sitios web. Se trata de la máquina del tiempo (*Buyback Machine*) de *archive.org*.

Archive.org es una enorme base de datos de todo tipo de material multimedia libre de derechos en la que podemos utilizar la máquina del tiempo con cualquier dominio y veremos diversas versiones que tienen almacenadas a lo largo de la vida de un dominio.

De este modo, no solo podemos ver cómo era una web anteriormente, sino saber si había algún otro proyecto ahí y de qué índole.

Por ejemplo, si buscamos Facebook y nos remontamos a las primeras versiones que se encuentran, veremos que no tienen nada que ver con la actual red social.

EJERCICIO PROPUESTO CAPÍTULO 3

Utiliza esta lista plantilla para hacer seguimiento de tus competidores:

http://bit.ly/SegCompetSEO

Se trata de un documento de hoja de cálculo compartido en Google Drive. Desde el menú archivo puedes descargarlo en formato de hoja de cálculo para Microsoft Excel o herramientas compatibles o bien crear una copia en tu unidad de Google Drive.

CUESTIONES CAPÍTULO 3

- **P1. Sobre Alexa:**
    - Herramienta con la podemos conocer datos acerca del tráfico y audiencia de cualquier sitio web.
    - Nos ofrece información acerca de los términos de búsqueda que más tráfico llevan al dominio analizado.
    - Podemos ver el porcentaje de tráfico que un sitio recibe por países.
    - Todas son correctas.

- **P2. Similar web:**
    - Es un servicio que sirve para copiar páginas.
    - Busca páginas similares.
    - Permite comparar datos SEO de tu sitio web con los de tus competidores.
    - Todas son correctas.

- **P3. Con el inspector de elementos:**
    - Podemos ver el código fuente de un elemento de una página web.
    - Podemos ver el código fuente de una página web al completo.
    - Podemos identificar cómo hacen SEO nuestros competidores.
    - La primera y la tercera son correctas.

▼ **P4. Sobre dominios:**

- Las herramientas "Who is" nos permiten conocer datos sobre los dominios.
- Podemos registrar un dominio en una empresa y utilizarlo en el hospedaje de otra.
- Podemos disponer de varios dominios para un solo sitio web.
- Todas son correctas.

▼ **P5. El estudio de competidores:**

- Nos sirve para determinar la presencia en Internet de nuestra competencia.
- Nos permite obtener ideas de mejora para nuestros productos y servicios.
- Es un proceso continuo que debemos vigilar contantemente.
- Todas son correctas.

4

CÓMO OPTIMIZAR LOS CONTENIDOS

4.1 SEO PARA TUS TEXTOS

Vamos a comenzar por cómo debemos poner a tono el contenido de texto de nuestras páginas. Para ello es necesario tener en cuenta que todo el contenido de una página web viene normalmente representado en lenguaje HTML, aunque cuando utilizamos un CMS o gestor de contenidos como Wordpress, lo que utilizamos es un editor de texto visual. Estos son similares, aunque mucho más simples, a los de cualquier herramienta ofimática de procesador de textos como Word.

Con este editor vamos a poder aportar énfasis a nuestros textos a través del uso de las negritas, subrayados, cursivas, esquemas de viñetas o numerados, citas, encabezados, enlaces y material multimedia.

La estructura de nuestros contenidos es fundamental, para que lo entiendan los buscadores y para que lo entienda nuestro público. Y el uso de estilos o formato de texto adecuado nos ayuda con esto.

4.1.1 Uso de los editores visuales

Figura 4.1. Editor de texto de Wordpress

Fíjate que en el editor no aparecen opciones para cambiar tipos y tamaños de letra. Sí que aparecen herramientas para cambiar colores, aunque tampoco recomiendo su uso salvo en ocasiones especiales.

Esto es porque en las páginas web, estos estilos vienen especificados en las llamadas hojas de estilo. Estas hojas de estilo determinan la apariencia de todo el sitio web con el fin de que todo quede homogéneo. De esta forma, cuando cambiamos por ejemplo el tamaño de los títulos, se cambiará en todas las páginas del sitio.

Figura 4.2. Texto con estilos pegado en el editor de texto de Joomla

Es importante también tener en cuenta que cuando copiamos texto procedente de otras páginas web o documentos de texto, puede que al pegarlos estemos trayendo también los estilos que tiene ese texto, lo cual arruinaría el aspecto homogéneo de nuestras páginas.

```
<p><span style="color: red;">Esto es porque en las páaacute;ginas web</span>, <span style="font-size: 16pt;
line-height: 150%; font-family: 'Verdana',sans-serif;">estos estilos vienen </span><span style="font-size: 9pt;
line-height: 150%; font-family: Algerian;">especificados</span><span style="font-size: 16pt; line-height: 150%;
font-family: 'Verdana',sans-serif;"> <span style="text-decoration: underline;">en las llamadas</span> hojas de
estilo</span>.</p>
```

Figura 4.3. Aspecto del código HTML del texto de la imagen anterior

Para evitar esto, los editores vienen equipados con funciones como la de eliminar formato, simbolizado con un icono de goma de borrar, o copiar texto sin formato, simbolizado con un portafolios con una "T" encima.

```
<p>Esto es porque en las p&aacute;ginas web, estos estilos vienen especificados en las llamadas hojas de estilo.</p>
```

Figura 4.4. Aspecto del código tras eliminar los estilos

Además, al menos Wordpress, en sus últimas versiones, ya no importa los estilos cuando pegamos texto copiado de otros sitios web, pero aun así es interesante tenerlo en cuenta.

4.1.2 Encabezados

Figura 4.5. Ejemplos de encabezados

Los encabezados son de vital importancia. Sirven para organizar la información por apartados u orden de importancia dentro de una publicación.

En HTML se representan con las etiquetas h1, h2, ... hasta h6, siendo h1 para títulos, h2 para subtítulos y así hasta llegar al 6, que sería el menos importante.

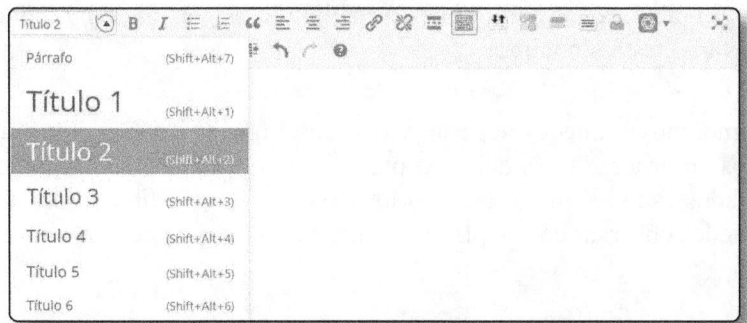

Figura 4.6. Aplicar los encabezados en el editor visual

En los editores visuales como el de Wordpress, aparecen representados como título 1, título2, ... y los podemos aplicar con el desplegable que aparece en la imagen anterior en la esquina superior izquierda.

```
<h1>Título 1 o H1</h1>
<h2>Título 2 o H2</h2>
<h3>Título 3 o H3</h3>
```

Figura 4.7. Código HTML de los encabezados de la imagen anterior

Los buscadores dan gran importancia a los encabezados y premian las publicaciones convenientemente organizadas a nivel jerárquico.

Por supuesto, usaremos las palabras clave que queramos posicionar en los encabezados.

Consejos y normas a aplicar en cada publicación:.

- Debe haber un título 1 por cada página. Ni más, ni menos. Otra cosa confundiría al buscador.

- Debe contener la palabra clave que estemos trabajando.

- Debe ser atractivo para el lector e incitar a continuar leyendo.

- Que no sea excesivamente largo.

- Usa al menos un par de encabezados de segundo nivel a lo largo del texto si es posible. En ellos pondremos alguna vez más la palabra clave principal, la que hemos puesto en el título 1, y en los demás podemos usar variantes o sinónimos.

Como apoyo, puedes ver este vídeo en el que se explica cómo utilizar los encabezados en procesadores de texto para posteriormente crear un índice. El uso de encabezados es muy similar a como lo haríamos en un editor web y al incrustar el índice puedes observar cómo queda la estructura jerárquica en función del tipo de título.

Cómo crear un índice en Word con encabezados. También en Google Docs y Libre Office (YouTube)

4.1.3 Énfasis

Negrita, cursiva, subrayado, citas, listas... Todo son elementos que nos ayudan, tanto en el posicionamiento en buscadores, como para facilitar la lectura al usuario. No hay que abusar de ellos y es conveniente seguir unas reglas homogéneas en todas nuestras publicaciones para no confundir. Por ejemplo, usamos negritas o subrayado para frases importantes con palabras clave y comillas y/o cursiva para nombres propios.

Las listas, ya sean numéricas o de viñetas también son muy positivas para ambas cosas. No dejes de utilizarlas siempre que puedas. Aportan legibilidad a nuestros contenidos, a la par que ayudan a que se entienda mejor el mensaje.

No hay reglas específicas para esto, el sentido común, la experiencia y el conocimiento de tu público te darán las respuestas.

En este artículo puedes ver un buen ejemplo de cómo se están aplicando encabezados y formatos para aportar énfasis a los elementos del texto y facilitar así la lectura del documento al lector:

www.diegocmartin.com/publicar-en-wordpress-basico

4.1.4 URL

Figura 4.8. Título y URL o enlace permanente al editar una página en Wordpress

La URL o dirección web, será la forma de acceso al contenido una vez este esté publicado.

Cuando vemos un resultado en un buscador como Google y hacemos clic en él, Google nos lleva hacia la URL de la página de destino que hayamos solicitado.

Mediante la URL enlazamos nosotros internamente nuestras páginas cuando construimos los sitios web y nos enlazan los demás desde fuera para que los usuarios puedan llegar a nuestras páginas cuando nos mencionan.

También la usaremos para difundir nuestras páginas en redes sociales. Es, por tanto, la dirección que aparece en la barra de direcciones del navegador.

Las URL deben ser amigables, es decir, que sean legibles. En los últimos años esto ya no es un problema porque todos los gestores de contenido como Wordpress tienen esta funcionalidad, pero si tu página web es antigua, puede que no sea así. En tal caso debes plantearte cambiarlo.

○ Simple	https://www.diegocmartin.com/?p=123
○ Día y nombre	https://www.diegocmartin.com/2017/10/29/pagina-ejemplo/
○ Mes y nombre	https://www.diegocmartin.com/2017/10/pagina-ejemplo/
○ Numérico	https://www.diegocmartin.com/archivos/123
● Nombre de la entrada	https://www.diegocmartin.com/pagina-ejemplo/
○ Estructura personalizada	https://www.diegocmartin.com /%postname%/

Figura 4.9. Tipos de URL que podemos asignar en Wordpress

Wordpress llama a la URL enlace permanente y la genera automáticamente una vez hemos introducido el título de la publicación, aunque la podemos editar.

Hablando de SEO, la URL debe contener también la palabra clave principal que estamos trabajando en la página.

Mucho cuidado con modificar las URL de nuestras páginas si estas ya llevan un tiempo publicadas. Ten en cuenta que es el enlace al contenido, si lo cambiamos, todos los enlaces antiguos dejarán de funcionar y generarán un error tipo 404 (página no encontrada). Esto incluye a los enlaces provenientes de los buscadores, con lo cual, no solo estamos haciendo inaccesible desde muchos sitios nuestro contenido, sino que además perderemos el posicionamiento que esa página pudiera tener.

¿Y quiere decir esto que no puedo cambiar nunca la URL de una página?

No, afortunadamente podemos hacer redirecciones para que cuando cualquiera llegue a la versión antigua sea automáticamente llevado a la nueva. Esto lo veremos más adelante.

4.1.5 Herramientas para SEO on page (dentro de la página)

A partir de este punto es recomendable utilizar una herramienta que nos ayude con la configuración SEO de nuestros contenidos, ya que no todas las cosas que vamos a mencionar están incluidas de forma nativa en los gestores de contenido.

Por ejemplo, en Wordpress no disponemos de un apartado específico para introducir la meta descripción, que es de lo que hablaremos a continuación. Joomla por el contrario sí permite su introducción.

Existen herramientas externas que nos pueden ayudar con esto como *Web text tool* o bien podemos recurrir a algún componente dentro del propio gestor de contenidos. Por ejemplo, *Yoast SEO* es una de las más conocidas y utilizadas de Wordpress por su facilidad de uso y con la que ejemplificaré a continuación.

4.1.6 Título SEO

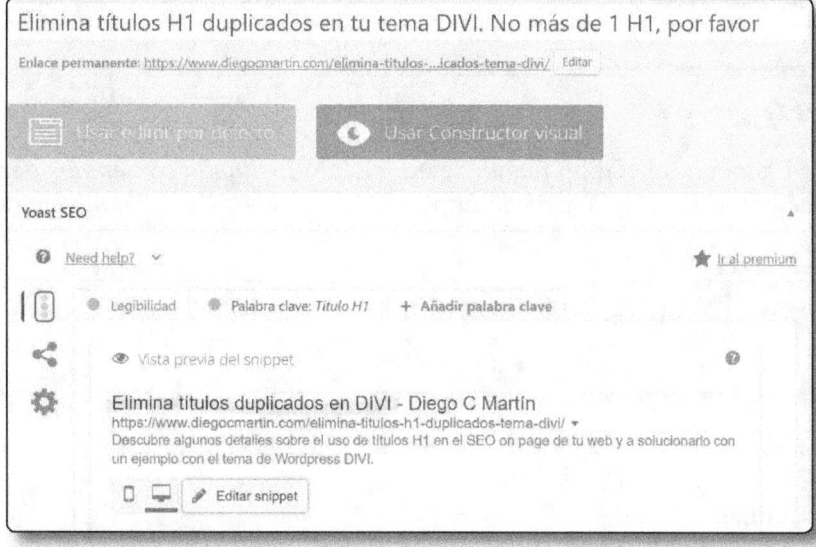

Figura 4.10. Título seo y título de publicación

Por defecto, Wordpress y, en general, cualquier otro gestor de contenidos, adoptará el título de la publicación como título de la página y como H1, pero con herramientas como *Yoast SEO* y similares, podemos indicar un título SEO diferente, que irá dentro de la etiqueta *title* con la que ejemplificaba en el capítulo anterior y que será además lo que aparecerá como título en los resultados de búsqueda.

Podemos usar el mismo título o podemos poner uno distinto que atraiga más clics y el título de la publicación otro más preparado para que incite a la lectura del documento, pero siempre es necesario agregar la palabra clave que estamos posicionando en la página y el nombre del sitio web.

Observa la imagen anterior y verás que el título de la publicación es más largo que el que se muestra en la vista previa de los resultados de búsqueda, marcado en amarillo. De este modo, el título de la publicación solo se verá en el interior de la misma.

Para el título disponemos de un tamaño máximo de 65 caracteres y recomendado no menos de 50.

No debemos repetir títulos.

4.1.7 Descripción

También conocida como *meta description* o meta descripción. Esto viene de que hay una etiqueta HTML llamada *meta* que admite muchas variantes en función del contenido.

EJEMPLO

Si miramos el código fuente de mi artículo *Estilando contenidos para SEO web*, podemos identificar la meta descripción. Si buscamos *description* veremos algo así:

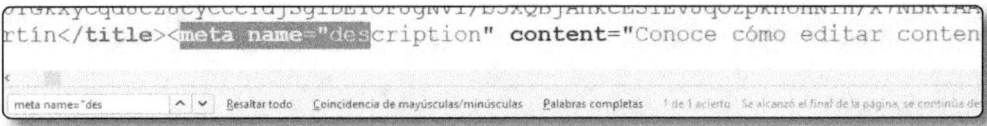

Figura 4.11. Buscando la meta description

Código:
<meta name="description" content="Conoce cómo editar ">

La meta descripción es el texto que aparece debajo del enlace en cada resultado de búsqueda en la SERP de los buscadores. Si no la especificamos, Google utilizará los primeros 156 caracteres que encuentre a partir del primer párrafo de la página. Por tanto, esta es la longitud máxima que debemos usar.

Es fácil detectar páginas web que no tienen configurado su SEO *on page* porque cuando Google escoge por notros el texto para la descripción, al final de esos 156 caracteres pondrá puntos suspensivos.

Escribir una buena descripción:

- No superar el tamaño máximo recomendado de 156 caracteres ni quedarnos muy por debajo.
- Agrega a palabra clave que estés trabajando en esa página lo antes posible.
- Se lo más descriptivo y atrayente posible.
- No repitas ni copies las *meta description* en distintas páginas.

Experimento: En realidad, la limitación de 156 caracteres no es del todo real. Lo que ocurre es que en los resultados de la SERP sí que van a aparecer únicamente estos 156, pero nosotros podemos poner más. ¿Para qué? Bueno, esto no está demostrado, pero, aunque Google solo muestre los primeros 156 caracteres, sí que tiene en cuenta todo o que pongamos en la descripción, por tanto, podemos usar los primeros 156 caracteres para lanzar un mensaje atractivo que incite al clic del usuario, y después, en la parte no visible, aprovechar para poner algunas KWs a posicionar.

4.2 SEO PARA TUS IMÁGENES

El material multimedia es esencial en nuestros contenidos. Todas las páginas y por supuesto, los artículos de blog o productos de una tienda virtual deberían contener al menos una imagen.

Las imágenes también se posicionan, seguro que más de una vez has consultado los resultados de búsqueda solo de imágenes.

Con las instrucciones que vamos a ver podemos conseguir, tanto aparecer en los resultados de imágenes, como reforzar el posicionamiento particular de la página que estemos trabajando.

4.2.1 Peso y dimensiones

No confundir lo uno con lo otro. El peso es el espacio que la imagen ocupa en el disco y las dimensiones se refieren al tamaño en cuanto a ancho y largo.

Hago el matiz porque es usual hablar de tamaño y el tamaño puede ser interpretado de ambas maneras.

El peso que una imagen ocupa en disco lo mediremos Kb (Kilobytes) cuando hablamos de imágenes optimizadas para web, aunque si te has fijado, una imagen que obtenemos actualmente con la cámara de un móvil de 8 o 13 Megapíxeles ocupa aproximadamente entre 3 y 6 Mb (Megabytes).

Considerando que 1 Mb equivale a 1024 Kb, observamos que tenemos trabajo por hacer.

Si pusiéramos en una página web 2 o tres imágenes de 5 Mb, estaríamos forzando al usuario a descargar 10 o 15 Mb solo por visitar una página. Si hoy en día tenemos de media un límite de datos mensual de 1 Gb (1024 Mb) en los dispositivos móviles, no podríamos visitar demasiadas páginas.

Aunque esto es una verdad a medias, ya que los gestores de contenido como Wordpress muestran versiones reducidas de las imágenes para los móviles.

No obstante, es necesario optimizar las imágenes para que podamos controlar el tamaño y calidad a nuestro gusto, aumentar la velocidad de carga y que Google nos mire con buenos ojos, ya que esta es uno de las cosas a las que los buscadores dan más importancia.

No es necesario seguir a rajatabla, pero a modo de guía, diremos que no sería bueno usar imágenes dentro del contenido que ocupen más de 100Kb y unos 200 o 300Kb si hablamos de imágenes grandes de cabecera.

Las dimensiones de las imágenes se miden en píxeles (px) y se expresan indicando primero el ancho seguido de una x y luego el alto.

EJEMPLO

800x600px significa 800px de ancho y 600 de alto, *widht* y *height* en inglés, por si lo queremos identificar a través del inspector de elementos.

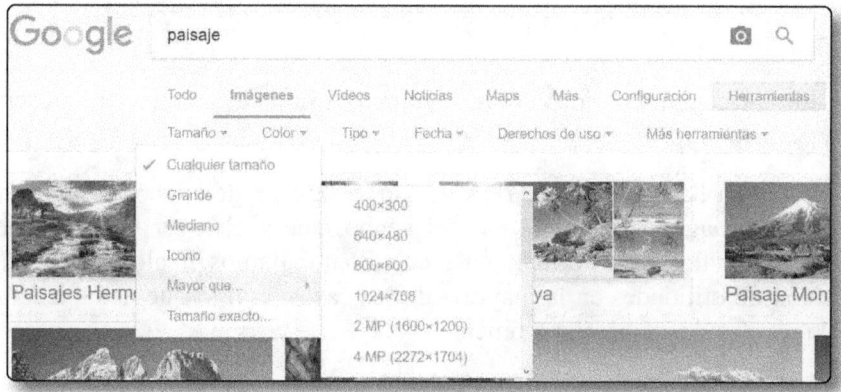

Figura 4.12. Filtrar imágenes por tamaño en Google

En la imagen anterior vemos el filtro por tamaño de los resultados de búsqueda de imágenes en Google y podemos observar que una imagen de tan solo 4 megapíxeles tiene unas dimensiones de 2.272 x 1.704 px.

Sin embargo, si miramos en *Statcounter* las resoluciones más usadas a nivel global, veremos que la mayoría de usuarios utilizan una resolución de 1366x768px en sus pantallas de escritorio a día de hoy, lo que quiere decir que la mayoría de la gente, como mucho, verá las imágenes a ese tamaño, que es inferior al de una imagen de tan solo 4Mp y por lo tanto, también **podemos ahorrar una gran cantidad de espacio si optimizamos las imágenes en cuanto a dimensiones**.

De hecho, el ancho máximo con el que se suele trabajar en web para escritorio es de 1024px y si tenemos una resolución mayor, lo que veremos a los lados serán márgenes y no contenido.

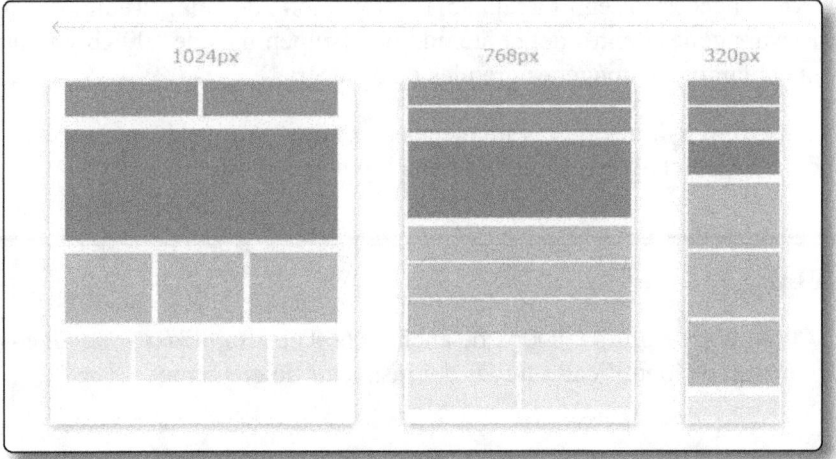

Figura 4.13. Anchos web vía mobirise.com

En la imagen anterior vemos los tamaños que se suelen usar en escritorio, *Tablet* y *Smartphone*.

También hay que considerar que esos 1.024 px de ancho los usaríamos si ponemos una imagen que utilice todo el ancho, que suelen ser las de cabecera o *banners* horizontales, pero normalmente, cuando trabajamos un blog, tendremos una barra lateral de utilidades en la mayoría de los casos, con lo que nos quedamos en unos 800 píxeles de ancho como mucho.

Hablamos siempre de ancho ya que las webs adaptables o *responsive*, se adaptan al tamaño del ancho de la pantalla del dispositivo desde donde se visualizan, sin importarnos el alto.

Se recomienda indicar las dimensiones de la imagen en el código fuente de inserción. Esto lo hacen los gestores de contenido por defecto cuando utilizamos los editores visuales.

4.2.2 Título

Las imágenes llevan también título, en el cual debemos utilizar también la palabra clave principal de la publicación al menos en una de las imágenes.

En cualquier gestor de contenidos podemos agregar un título para nuestras imágenes.

A continuación, puedes ver una captura de pantalla de los datos y campos de opciones de una imagen en Wordpress.

4.2.3 Nombre del archivo y URL

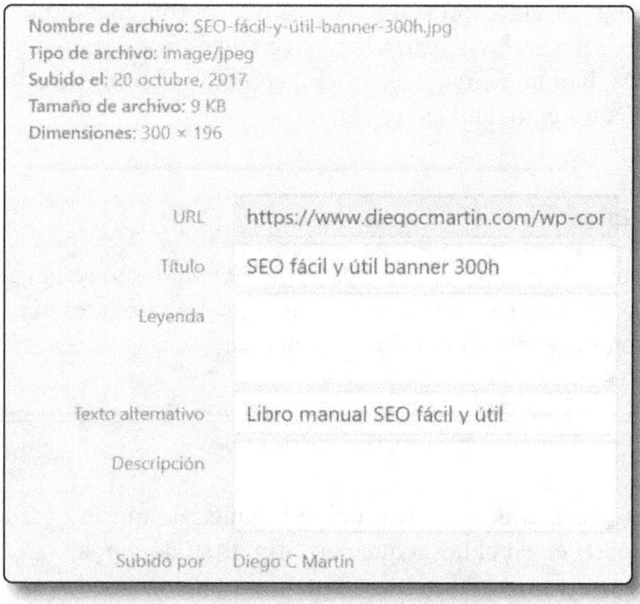

Figura 4.14. Datos de una imagen en Wordpress

El nombre del archivo de la imagen también es importante ya que normalmente el gestor de contenidos generará una URL única para cada imagen a partir del nombre del archivo, por tanto, si usamos la KW a posicionar en el nombre del archivo, también aparecerá en a URL y se posicionará mejor por ese término.

Es importante considerar que cambiar a posteriori los archivos de imagen o las URL puede ser más problemático por lo que ya hemos hablado de que el recurso dejaría de ser el mismo y si el antiguo ya se ha posicionado en buscadores, al no ser encontrado tras realizar el cambio, generaría un error.

Así que una vez más vemos la importancia que tiene hacer un estudio adecuado de palabras clave previamente, ya que normalmente no vamos a poder cambiar el nombre del archivo de una imagen en un gestor de contenidos, si lo haces, cualquier sistema, incluido Google, la tratará como otro archivo distinto, con lo cual, pierde el posicionamiento que pudiera tener.

4.2.4 Atributo alt

El atributo alt o texto alternativo es un atributo que se agrega dentro de la etiqueta HTML de las imágenes y sirve para mostrar una descripción alternativa cuando la imagen no se puede mostrar o visualizar.

EJEMPLO

Muchas veces el correo electrónico bloquea de manera predeterminada las imágenes que aparecen en él hasta que permitimos su descarga.

El texto que se ve antes de que la imagen cargue es el texto alternativo. También es el texto que leerá un lector de pantalla a personas invidentes o deficientes visuales, por ello lo que comentábamos de poner un texto descriptivo, al margen, por supuesto, de introducir la *keyword*.

Recuerda que podemos ver el código de cualquier elemento en una web con el inspector de elementos. Si hacemos clic derecho sobre una imagen y vamos al inspector veremos algo como esto:

```
<img src="https://i2.wp.com/
www.diegocmartin.com/wp-content/uploads/
2016/02/objetivos-plazos-de-entrega-
atencion-personalizada.jpg?zoom=1.5&w=1080"
alt="objetivos - plazos de entrega -
atencion personalizada" title="objetivos -
plazos de entrega - atencion personalizada"
width="492" height="466" src-orig="https://
i2.wp.com/www.diegocmartin.com/wp-content/
uploads/2016/02/objetivos-plazos-de-entrega-
atencion-personalizada.jpg?w=1080" scale=
"1.5"> == $0
```

Figura 4.15. Código de una imagen en el inspector de elementos

En la imagen anterior vemos como la etiqueta img, que es la necesaria para agregar una imagen en una web, consta de los atributos *src*, *alt*, *title* y las dimensiones. En el atributo src viene indicada la URL y nombre del archivo de imagen y respecto a las dimensiones, *width* es el ancho y *height* el alto.

Con esta información podemos observar como la gran mayoría de las páginas web no hacen bien o completo el SEO de sus imágenes. Te invito a que investigues unas cuantas de ellas de diversas páginas de competidores.

En gestores de contenido como Wordpress, Joomla o Prestashop, disponemos de campos específicos para indicar el atributo alt y el título de las imágenes.

4.3 CÓMO OPTIMIZAR IMÁGENES

El redimensionado y ajuste de imágenes es algo que se puede hacer con una gran cantidad de herramientas y podemos considerarlas como operaciones básicas sobre imágenes. Yo voy a mencionar dos herramientas.

Gimp, software libre y gratuito disponible para Windows y Linux muy similar a Photoshop en sus versiones antiguas, pero más que suficiente para lo que queremos hacer.

Si dispones de otra herramienta de retoque fotográfico el procedimiento será muy similar. Si no quieres instalar nada, también puedes usar *Pixlr*, que es una aplicación que podemos usar directamente en el navegador y también sirve para realizar estas operaciones de la misma forma.

Normalmente, en la mayoría de programas de este tipo, para redimensionar una imagen nos dirigimos al menú *Imagen* con el archivo de imagen a retocar ya abierto. Una vez allí seleccionamos la opción *redimensionar* o *escalar*.

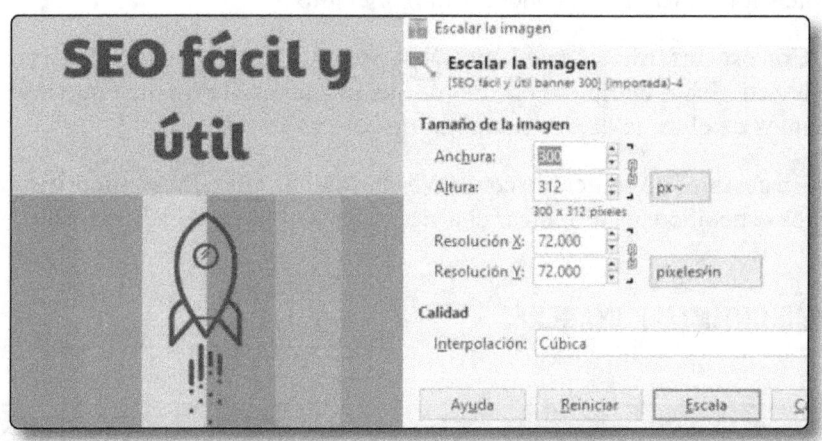

Figura 4.16. Escalar imagen en Gimp

En la imagen anterior se muestra el cuadro de diálogo de la opción Escalar imagen en Gimp. Como se puede observar, podemos modificar la anchura y la altura.

Para evitar que la imagen no se deforme debemos redimensionar de manera proporcional el ancho al alto. Si nos fijamos en el pequeño icono del eslabón que aparece a la derecha de la anchura y la altura, este está cerrado.

Esto quiere decir que cuando cambiemos uno de los valores el otro se recalculará automáticamente para no perder la proporción. Si hiciéramos clic sobre él, el eslabón aparece roto y ya no recalculará la otra dimensión.

Figura 4.17. Efecto de haber escalado rompiendo la proporción

Otra cuestión importante a considerar es que nunca debemos redimensionar hacia arriba, ya que es como si estuviésemos estirando la imagen y en consecuencia perderá resolución. Decimos que se pixela.

Figura 4.18. Efecto de escalar hacia arriba o estirar

También hay programas para optimizar imágenes en lote, por ejemplo, *FastStone Photo Resizer*, una herramienta que te ahorrará mucho tiempo si tienes que optimizar gran cantidad de imágenes. Se trata de una aplicación de escritorio para Windows.

Si quieres seguir también por escrito el uso de esta herramienta puedes ir a este artículo:

Redimensionar imágenes web con FastStone.

4.4 SEO PARA TUS VÍDEOS Y YOUTUBE

En realidad, dentro de nuestras páginas no hay gran cosa que hacer respecto a posicionamiento de un vídeo salvo el marcado estructurado que veremos más adelante. Por lo general, incrustar vídeo en nuestras páginas web consistirá en agregar un enlace a donde se encuentre el vídeo alojado.

Por motivos de espacio de almacenamiento, normalmente usamos herramientas de terceros para que los almacenen por nosotros. Por supuesto conoces YouTube y también te sonará Vimeo. Estas son dos plataformas de vídeo que nos permiten alojar vídeo de forma gratuita y posteriormente enlazarlo desde nuestras páginas web para que también se puedan ver desde allí.

Sabemos que el vídeo está de moda, cada vez los usuarios consumen más vídeo y además resulta que YouTube es el segundo buscador más utilizado a nivel mundial, después de Google. Con lo cual, no está demás ahondar un poco acerca de cómo trabajar el posicionamiento dentro de YouTube.

Lo interesante es que es un mercado mucho menos saturado que el de las búsquedas web, con así que, con mucho menos esfuerzo conseguiremos mejores resultados.

4.4.1 Posicionarse en YouTube

Algunos datos para empezar:

- ▼ El entretenimiento es la mejor cualidad que aporta viralidad a los contenidos. Si nuestros vídeos son capaces de entretener, tendremos buenos resultados seguro.

- ▼ Los vídeos que dan solución a cómo hacer cosas crecen cada año en un 50%.

- ▼ Los 2 factores fundamentales que Google tiene en cuenta para posicionar los vídeos son el tiempo de visualización y la interacción de los usuarios.

Si somos capaces de conseguir que los usuarios vean más de 2 minutos de vídeo y de conseguir que la gente comparta y comente tendremos casi todo hecho.

Para Google, el momento más importante de un vídeo son las primeras 72 horas desde su publicación. Si durante este período, un vídeo alcanza un número considerable de visitas e interacciones, lo más probable es que se posicione en la primera página de resultados para la palabra clave principal si el sector no es muy competitivo.

Siempre podemos dar un empujoncito a nuestro vídeo publicitándolo un poco con Google Adwords, sobre todo en esas primeras 72 horas. Ahora mismo puedes conseguir un buen número de visualizaciones con 10 o 20 euros de inversión.

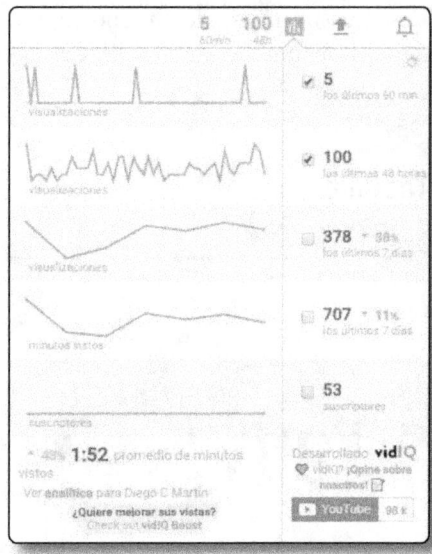

Figura 4.19. Estadísticas del canal de YouTube con vidIQ

Hay herramientas específicas de análisis y posicionamiento para YouTube. Por ejemplo, *vidIQ* o *TubeBuddy*. Ambas tienen versión gratuita y cuentan con extensiones para insertar en el navegador y nos permitirán ver estadísticas y datos interesantes de los vídeos de otros, como visualizaciones, visualizaciones por hora, tiempo medio de visionado, palabras clave asociadas, o los principales países que producen las visualizaciones. También te ayudan a la hora de configurar el vídeo.

4.4.2 SEO en YouTube

Figura 4.20. Título descripción y etiquetas de YouTube con vidIQ

Con lo que hemos visto hasta aquí es sencillo comprender lo que debemos hacer para configurar el SEO en un vídeo de YouTube. Básicamente se trata de ir paso a paso por los diversos apartados en la página de configuración utilizando las palabras clave a posicionar todas las veces posible sin que sea ilegible para el usuario.

Debemos dar un título apropiado que incluya los términos a posicionar, una descripción que repita varias veces también esos términos, que en el caso de los vídeos de YouTube disponemos de un hueco de hasta 5.000 caracteres, lo cual es bastante espacio para explayarnos y jugar con la palabra clave principal y sus variantes.

También tenemos un apartado para indicar las etiquetas que queremos asociar, en este caso tenemos hasta 500 caracteres para rellenar, lo cual es bastante también.

En la imagen anterior podemos ver unos números al lado de algunas de ellas. Esto es la posición en que aparece el vídeo en los resultados de búsqueda de YouTube cuando el usuario busca utilizando esa etiqueta. Este dato lo está importando *VidIQ*, no lo vemos de forma normal en la interfaz de YouTube.

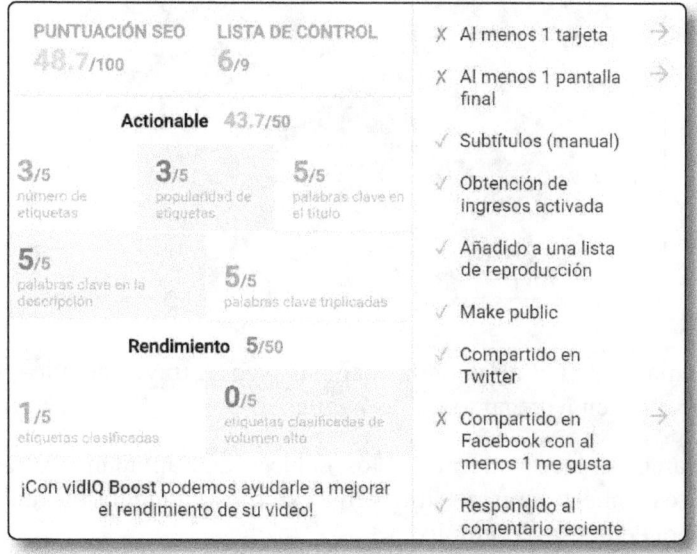

Figura 4.21. Imagen 57. Datos de vidIQ sobre un vídeo

Además de lo anterior, es recomendable hacer lo siguiente, que como puedes ver en la imagen anterior, *VidIQ* también nos ayuda con eso:

- Agregar subtítulos. Se trata de transcribir el audio del vídeo, muy útil para que Google tenga más texto por el que posicionarte.

- Traducir el vídeo si quieres acceder a otros mercados. Debido a que solo se puede traducir el título, la descripción y los subtítulos, esto es especialmente interesante para vídeos sin narración o para países en los que los usuarios que estén acostumbrados a leer subtítulos.

- Agregar el vídeo en una lista de reproducción.

- Agregar alguna tarjeta o elementos de pantalla final.

- Compartirlo en otras redes sociales.

- Contestar rápido a los comentarios.

4.5 SEO PARA TUS ENLACES

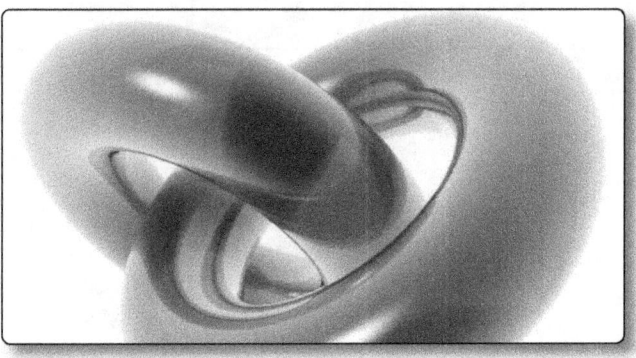

Los enlaces son el alma de las páginas web. A través de ellos, tanto arañas como usuarios pueden navegar entre las páginas.

Llamamos enlaces internos a los enlaces que apuntan a otras páginas o recursos dentro de nuestro mismo sitio web y externos a aquellos que enlazan a sitios o recursos fuera de nuestro dominio.

A través de los enlaces generamos la arquitectura necesaria para hacer nuestra página web entendible y fácilmente navegable. Hemos hablado previamente de tipos de arquitectura mencionando el uso de menús, categorías y etiquetas para organizar la información de forma coherente.

Con un uso adecuado de estos elementos y relacionando páginas similares entre sí, como artículos de blog que sean complementarios o productos recomendados si se trata de una tienda virtual, podemos tener una adecuada estructura de enlaces internos.

También debemos recordar que **la autoridad de un sitio se transmite mediante los enlaces**, de modo que, si ponemos enlaces externos, estos deben ser a sitios relacionados con nuestras temáticas y no en exceso.

Figura 4.22. Código de un enlace en el inspector de elementos

En la imagen anterior podemos ver cómo se construye un enlace mediante código HTML. Esto es lo que se genera cuando creamos un enlace desde el editor visual.

Código:
<a href="http://windows.microsoft.com/es-es/windows-10/getstarted-whats-new-november-release-cortana" target="_blank">Windows 10</a>

Si nos fijamos, la etiqueta que se utiliza para crear enlaces es "a" y en el ejemplo consta de un atributo *href* en el que se pone la URL de destino, en este caso una página explicativa sobre Cortana en el sitio web oficial de *Microsoft*, que es de lo que habla el artículo. También aparece un atributo *target*, cuyo valor, "_blank" indica al navegador que el enlace debe ser abierto en una nueva pestaña.

Esto es interesante a tener en cuenta cuando ponemos enlaces externos, porque así evitamos que el visitante abandone nuestra página ya que el destino se va a abrir en otra pestaña.

Por último y no por ello menos importante, encontramos el texto que se encuentra entre la cláusula de apertura y la cláusula de cierre de la etiqueta *a*, que es el texto visible. En este caso "Windows 10". A este texto visible del enlace lo denominamos "*anchor text*" o texto ancla y es en el que podemos trabajar el SEO poniendo las palabras clave que nos vengan bien.

En este sentido es importante comprender que, si los enlaces transmiten autoridad, lo que nos interesará será recibir enlaces con las palabras clave que queremos posicionar y no enviarlos.

EJEMPLO

Estoy escribiendo un artículo que habla sobre los asistentes por voz como Cortana, presente en *Windows 10*. Aquí se puede ver el artículo: *https://www.diegocmartin.com/actualizar-a-windows-10-edge-cortana-y-sus-amigos/*

En la parte final pongo ese enlace externo que nos lleva una página sobre Windows 10 en el sitio de Microsoft.

Si yo estuviera tratando de posicionar la palabra clave "windows 10" no sería bueno poner un enlace externo con ese *anchor text*, ya que estoy transmitiendo la autoridad que pueda tener esa palabra clave a través de ese enlace.

Como yo trato de posicionar el término "actualizar a windows 10", no me supone un problema utilizar como *anchor* solo "windows 10", ya que ese es un término demasiado genérico por el que no me vale la pena luchar.

Visto así, comenzamos a ver la dificultad que puede entramar conseguir enlaces entrantes de calidad y provenientes de sitios de terceros que tengan autoridad en nuestro sector, ya que es algo que no depende de nosotros. Como mucho podemos indicarle a la persona que nos enlaza el *anchor text* que queremos que utilice, si se tratara de un enlace previamente concertado. Ya veremos más delante técnicas para obtener enlaces, en el capítulo de *linkbuilding*.

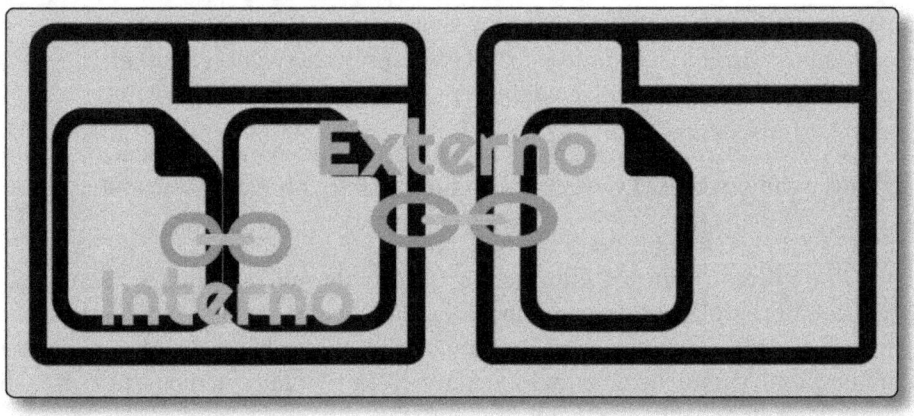

Por lo tanto, y volviendo a los enlaces internos, es importante enlazar a otra página utilizando la palabra clave (o variante) que se utilice en la página de destino del enlace y no en la de origen.

EJEMPLO

Estoy escribiendo un artículo sobre peces de colores y tengo una página en la que hablo de peceras para peces de colores.

En mi artículo sobre peces de colores crearé un enlace dirigido a la página peceras para peces de colores en el que el *anchor text* sea peceras para peces de colores.

4.6 MARCADO ESTRUCTURADO

Resulta que, como los principales buscadores (Google, Bing y, en consecuencia, Yahoo), han decidido seguir las normas de eschema.org como estándares, podemos aplicar estas normas de marcado estructurado para conseguir interesantísimas funcionalidades que puede parecer que solo están restringidas a grandes empresas.

EJEMPLO

Mostrar logo, teléfono de contacto e iconos a redes sociales en los resultados de búsqueda.

Figura 4.23. Marcado estructurado de McDonald's

EJEMPLO

Mostrar eventos en los resultados de búsqueda.

Figura 4.24. Resultado de buscar Eventos Circo del sol

EJEMPLOS

Reproducir música o vídeo desde los mismos resultados de búsqueda.

Carruseles de imágenes en los resultados de búsqueda.

Información sobre negocios locales en los resultados de búsqueda.

Mostrar el cuadro de búsqueda para las páginas de tu empresa.

Figura 4.25. Resultado de buscar booking

Mostrar eventos, recetas o productos con sus valoraciones e imagen asociada.

...

Es importante tener en cuenta que utilizar este marcado no implica que vayamos a aparecer así en los resultados de búsqueda. Con esto solo les indicamos a los buscadores cómo queremos que se nos muestre, otra cosa es que nos hagan caso.

El propio Google nos indica en sus *páginas de ayuda para desarrolladores* cómo debemos utilizar el marcado estructurado.

Básicamente consiste en introducir de manera organizada y en etiquetas específicas la información requerida para cada tipo de elemento como los que hemos visto en los ejemplos anteriores.

EJEMPLO

Si echamos un ojo al marcado estructurado para recetas, veremos que son campos del tipo nombre, ingredientes, tiempo de preparación, etc.

```
<contenido>
<script>
    var el = document.createElement('script');
        el.type = 'application/ld+json';
        el.text = JSON.stringify({
        "@context": "http://schema.org",
"@type": "Recipe",
"aggregateRating": {
"@type": "AggregateRating",
"ratingValue": HERRAMIENTAS.votosjsonmedia,
"reviewCount": HERRAMIENTAS.votosjsonvotos

"name": "Receta de Bacalao al pil-pil - Karlos Arguiñano",
"mainEntityOfPage":{
  "@type":"WebPage",
  "@id":"https://www.hogarmania.com/cocina/recetas/pescados-ma
},
"headline": "Receta de Bacalao al pil-pil - Karlos Arguiñano",
"image": {
  "@type": "ImageObject",
  "url": "https://www.hogarmania.com/archivos/201107/bacalao-p
  "height": 400,
  "width": 668      },
"recipeIngredient":[],
```

Figura 4.26. Ejemplo de marcado para recetas

Como se puede observar en la imagen anterior, los campos son fácilmente identificables si entendemos el significado de cada etiqueta.

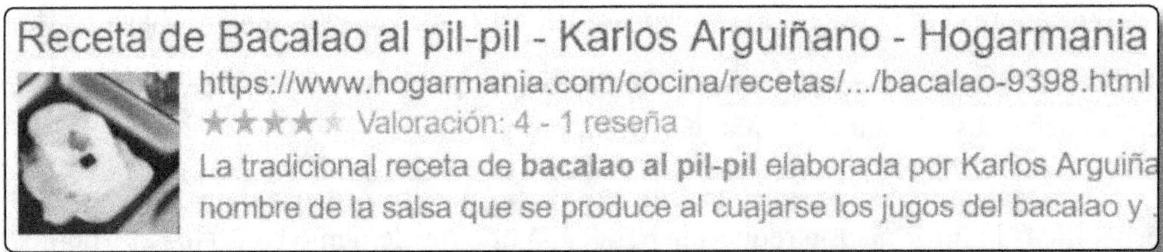

Figura 4.27. Aspecto de la receta anterior en el buscador

Pero no te preocupes, siempre puedes usar algún componente adicional en tu gestor de contenidos que automatice la configuración de todo esto acorde a los cánones de *schema.org* y Google.

De todas formas, el resto de cosas que hemos visto previamente serían más prioritarias. Una vez que tengamos todo lo anterior bien hecho, esto puede ser la siguiente parte.

Google también pone a nuestra disposición una herramienta para que podamos comprobar si nuestro marcado estructurado tiene algún error:

https://search.google.com/structured-data/testing-tool

Puedes hacer la prueba con ejemplos que encontrarás aquí:

https://developers.google.com/search/docs/data-types/recipes

4.7 LA CALIDAD DEL CONTENIDO

Una vez que tenemos claro cómo debemos configurar los diversos tipos de contenido, vamos a ver algunas otras consideraciones generales que debemos tener en cuenta para que el resultado final obtenga el efecto adecuado en el ranking.

4.7.1 Texto que enganche

No es nada fácil escribir, ya veremos más adelante deferentes técnicas para generar contenidos sin necesidad de escribirlo, pero, por si te atreves a hacerlo tú mismo, ahí van algunos consejos que puedes tener en cuenta:

El barrido en F

Esto es cómo leemos los usuarios, quiere decir que comenzamos leyendo por la parte superior izquierda de la pantalla y leemos hacia la derecha y abajo. Más grande será la F cuanto más contenido relevante ofrezcamos al lector. Ten en cuenta que no leemos todo, se trata de retener al lector el máximo tiempo posible.

Tipos de artículos y de contenidos

Existen muchos tipos de textos y artículos. Críticas, opiniones, manuales, recetas, noticias, ... Encuentra el tipo o tipos de contenido que más impactan e interesan a tu audiencia.

Estructura

Uno de los métodos clásicos que se utilizan en el sector periodístico es el de la pirámide invertida. Con este método ponemos lo más importante e interesante primero para así mantener enganchado al lector el máximo tiempo posible.

Normalmente se pone un resumen con lo más importante justo debajo del título, luego una introducción en la que se presentan a los personajes o cosas sobre los que se va a hablar y después se entra en detalle en la historia para terminar con una conclusión.

Por supuesto habrá más técnicas y más específicas en función del tipo de contenido.

El briefing

Es un documento en el que preparamos el tema, la estrategia y estructura del contenido antes de comenzar con el trabajo para que este sea más fácil y rápido de abordar.

Si contratamos los servicios de un redactor, normalmente tendremos que suministrarle este documento.

Tono y lenguaje

Es el cómo nos vamos dirigir a nuestro público objetivo. Cuanto mejor lo conozcamos, muchos mejores resultados obtendremos.

EJEMPLO

No es lo mismo escribir para mujeres maduras de alto poder adquisitivo si vendemos bolsos de Prada, que a chicas jóvenes si vendemos bisutería.

Tono cercano, un lenguaje más o menos técnico... Todo esto debe ir plasmado en el plan de medios digitales que mencionábamos en el primer capítulo o en su defecto en el *briefing*.

Palabras clave, estilos, imagen y categoría

Sobre esto estamos hablando a lo largo del curso, pero lo indico aquí para que quede claro que habría que considerar también en esta parte del trabajo.

Desgraciadamente, ni esto es un curso de redacción de textos (*copywriting*) ni yo tengo los conocimientos necesarios para enseñarte mucho más de lo que aquí expongo, pero hay expertos en la materia como *Maider Tomasena*, que te pueden ayudar si esto te interesa.

4.7.2 Contenido original

El contenido debe ser siempre original, puede que las personas no, pero los buscadores saben perfectamente cuando existe un contenido que ya existe en otra página que esté publicada.

Puedes comprobarlo tú mismo con la herramienta *Copyscape*. Con ella puedes identificar copias de texto que haya por La Red de una página que introducimos para analizar.

Es muy interesante y potente porque nos indica el porcentaje de texto copiado y nos lo muestra marcándolo en cada una de las páginas que nos han copiado junto con la página dónde se encuentra la copia.

Siteliner es también una muy interesante herramienta que nos vale para conocer el contenido duplicado dentro de nuestra propia página. Si tenemos por ejemplo una tienda virtual, es muy fácil que tengamos variantes de productos con nombres y descripciones iguales o muy similares que pueden estar generando contenido duplicado en nuestra página.

4.7.3 Longitud de los textos

En este sentido hay normas específicas que conviene que tengamos en cuenta.

El tamaño mínimo recomendado para que una página se indexe adecuadamente en buscadores es de 300 palabras.

El tamaño ideal recomendado para que una página se indexe adecuadamente en buscadores es de 450 palabras.

De ahí en adelante siempre es bienvenido, aunque sin excedernos tampoco mucho más de unas 1.000. Esto ya es un texto bastante grande que se suele usar para hacer análisis en profundidad y normalmente irá destinado un tipo de público más cualificado que realmente está ya interesado por aquello que contamos de forma habitual. En definitiva, seguidores.

Por regla general, encontrarás una gran cantidad de blogs cuyos artículos tienen una longitud de 450 palabras. ¡Haz la prueba!

El propio editor de Wordpress o procesadores de texto como Word cuentan la cantidad de palabras de un texto, no tienes más que copiarlo.

4.7.4 Densidad de palabras clave

Figura 4.28. Klutz Density Column por Exploratorium Teacher Institute

La densidad de palabra clave es el número de veces que se repite una determinada palabra clave por cada 100 palabras. Se expresa en porcentaje y debe rondar entre el 2,5 y el 3%.

Hace un tiempo se hablaba de un 5 o 6%, pero eso en realidad es repetir demasiado las palabras clave y muchas veces no queda natural a la lectura.

Ya sabemos que los buscadores premian la naturalidad y el comportamiento humano y con ponerlas en un 3% en el cuerpo del texto más en todos los otros lugares que hemos indicado, será más que suficiente.

4.7.5 Distribución de palabras clave dentro del contenido de una página

Ya hemos indicado que la palabra clave principal debe ir en el título, en la URL, en el título SEO, en la descripción, en la imagen y dentro del contenido del documento con de ese porcentaje de densidad del que hemos hablado.

En esta parte, lo que llamamos el cuerpo de la página (se introduce dentro de la etiqueta HTML llamada *body*), vamos a distribuir ese 2,5% de palabras clave, que podemos medir fácilmente con herramientas como la previamente mencionada *Yoast SEO*.

Utilizaremos siempre la palabra clave principal, a parte de los sitios ya mencionados, lo antes posible en el primer párrafo del documento, en al menos uno de los títulos 2 (H2) y en el último párrafo.

A lo largo del resto de texto la mencionaremos alguna vez más y la repetiremos con sus variantes o sinónimos hasta llegar a ese 2,5 o 3% de densidad.

4.7.6 La guía de estilos

La guía de estilos es un documento en el que se indican las directrices que deben seguir los redactores para que los textos queden de forma homogénea en todas las páginas del sitio web.

En él indicamos los estilos que hay que aplicar, cómo y cuándo.

EJEMPLO

Usar un H1, al menos un H2, un enlace interno, una imagen de tales características, ...

Cada vez que se mencione una marca o nombre propio lo ponemos con negrita y cursiva, etc.

EJEMPLO

Imagina que trabajamos una página web con un blog en el que se publica un nuevo artículo diario y en el que los redactores de los artículos son voluntarios que en su tiempo libre y desde sus casas o bibliotecas públicas se conectan al nuestro sitio web para enviar sus escritos.

Además, al ser voluntarios, los redactores se renuevan constantemente, ya que unos llegan nuevos y otros lo dejan por falta de tiempo o incompatibilidades.

Si tuviéramos que explicar a cada uno de ellos el procedimiento a seguir para que todos los textos queden homogéneos no nos valdría la pena su trabajo.

Con una guía de estilos conveniente detallada y explicada sería posible poder llevar a cabo las publicaciones sin mucho esfuerzo extra por parte de los editores, que son los encargados de hacer la revisión final y publicación.

4.8 DEL LADO DE LOS SERVIDORES

Hay cuestiones SEO que no dependen directamente de los contenidos, sino más bien de la configuración del servidor en la que esté alojado el proyecto, de los lenguajes de programación con que esté hecha la página, de la calidad y consideraciones SEO que se hayan aplicado a la hora de utilizar esos lenguajes o de la legibilidad que permitan esos lenguajes a los buscadores.

EJEMPLO

Flash es una tecnología visualmente muy agradable y potente que se empleaba hace algunos años para la creación de contenidos multimedia. El gran problema de Flash es que el contenido de texto e imágenes en su interior no pueden ser leídos por los buscadores, de forma que todo contenido en este formato nunca se indexará.

Por el momento, porque hace ya también algún tiempo que se rumorea que Google podrá leer contenidos en Flash, cuando esto ocurra, el Flash volverá con fuerza.

Principalmente, los requisitos técnicos van encaminados a crear páginas simples y rápidas, tratando de reducir al máximo los tiempos de carga y la experiencia de usuario.

Algunos puntos clave son:

▼ Que el sitio web se adapte y visualice correctamente en dispositivos móviles.

▼ Comprimir y reducir (*minificar*, del inglés *minify*) el código fuente de las páginas para que ocupen menos.

▼ Aglutinar los estilos y librerías en el menor número de archivos posibles para reducir el número de accesos o llamadas que el navegador debe hacer.

▼ Determinar la memoria caché del navegador. Esta memoria es almacenamiento que utiliza el navegador en el equipo del usuario y en el servidor con datos de navegación para reducir los tiempos de carga cuando ese usuario vuelve a visitar el sitio.

▼ Optimizar las imágenes.

▼ Cargar los efectos visuales más complejos después que los contenidos, para que el usuario acceda a la información lo antes posible.

4.8.1 Cómo saber el estado de salud de tu web (o de la competencia)

El propio Google nos suministra una herramienta que analiza estos puntos y nos muestra un informe en el que nos indica las partes a mejorar. *PageSpeed Insights*.

Adicionalmente puedes usar alguna otra herramienta para visualizar datos similares desde el punto de vista de otros proveedores.

Personalmente uso GTMetrix porque compara los datos del propio Google PageSpeed con los de YSlow, otro proveedor de referencia y, además, muestra también los tiempos de carga de cada elemento de forma visual (ir al apartado *waterfall*), utilidad con la que podemos detectar rápidamente cualquier elemento que perjudique sustancialmente el tiempo de carga. Veamos un ejemplo con la tienda virtual Grattify:

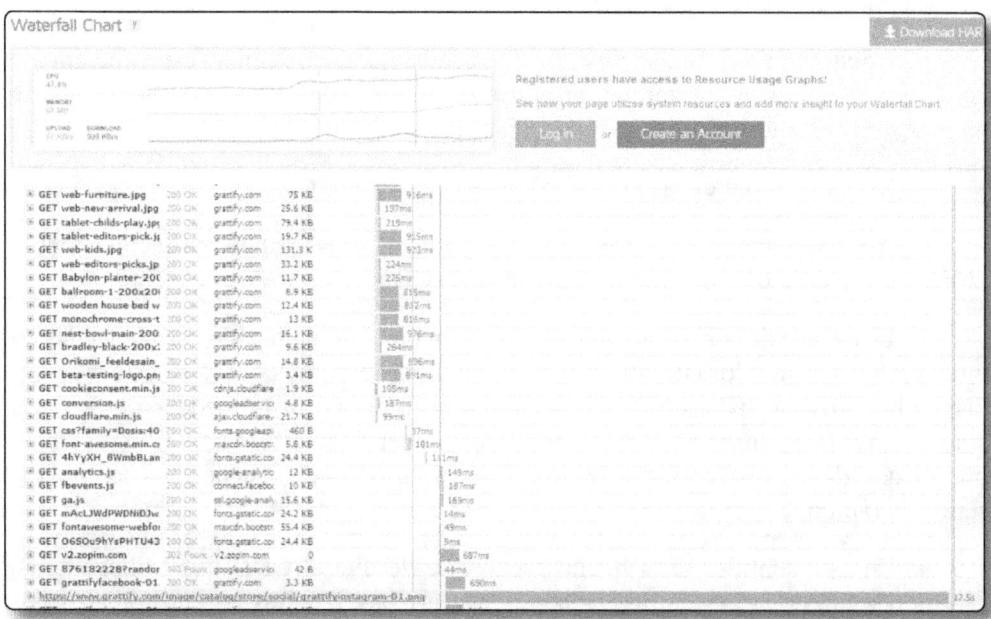

Figura 4.29. Vista en cascada de la carga de elementos de Grattify con GTMetrix

En la imagen anterior vemos cómo hay un elemento que está provocando un retraso brutal en el tiempo de carga de la página y además se trata de una imagen, con lo cual es algo que podemos nosotros mismos optimizar de forma sencilla.

4.8.2 Cómo conseguir mejorar estos puntos

Ya hemos hablado de la optimización de imágenes, que perfectamente puede correr por nuestra cuenta.

Las cuestiones relativas a la experiencia de usuario como la adaptabilidad a dispositivos móviles, navegación o elementos con efectos y movimientos vienen dadas por el diseño que tenga la página web y con cómo esté construida.

Normalmente los gestores de contenido como Wordpress están muy optimizados para tratar de utilizar el mejor código posible. No obstante, al poderse generar con ellos sitios web para múltiples propósitos, siempre hay funcionalidades que puede que no utilicemos y están ahí empleando recursos.

Para tratar de mejorar estos puntos, sería interesante trabajar con componentes que sean de buena calidad y que estén optimizados.

Además, hay componentes que te pueden ayudar a optimizar específicamente las cuestiones que las herramientas anteriores suelen dar fallos o sugerencias de mejora, como comprimir código, especificar la caché, etc.

Un ejemplo en el caso de Wordpress es *W3 Total Cache*.

Adicionalmente, y sobre todo si el sitio web es grande, es recomendable utilizar una red de distribución de contenidos o CDN.

Esta clase de servicios ofrecen copias en paralelo de tu sitio web ubicadas en otras partes del mundo. De esta forma, no solo conseguimos que web esté siempre disponible, aunque haya una caída en los servidores de tu proveedor de *hosting*, sino que, además, como estos servicios suelen tener disponibles copias en distintos puntos del globo, el acceso por parte de los usuarios que conectan en esos puntos será más rápido.

En este sentido, sería bueno asegurarte de que el CDN que utilices tenga servidores allá donde estén tus visitantes, ya que hay muchos que no trabajan por ejemplo en países de habla hispana.

4.9 CASO REAL. CÓMO ALSA DOMINÓ EN SU SECTOR

Señor Muñoz representa y da nombre a una consultora SEO situada en la zona de Málaga. En una ocasión tuve la oportunidad de conocer de primera mano cómo se vieron en la situación de mejorar, y de hecho mejoraron, el posicionamiento de una empresa ya muy bien posicionada y conocida en el sector del transporte de viajeros en autobús: Alsa.

El caso es que cuando te enfrentas a un proyecto SEO de una página modesta y la que nunca se la ha tratado de optimizar el posicionamiento en buscadores, todo es muy fácil. No tenemos más que aplicar las reglas del juego. En cambio, si nos encontramos ante un gran proyecto, con miles de páginas publicadas y una empresa ya conocida y posicionada, la cosa cambia.

Como situación inicial se encontraron con un sitio web en el que el 60% del tráfico provenía de SEO y tenía un inusualmente positivo porcentaje de conversiones procedentes de estas visitas orgánicas, superior al del tráfico directo.

Los objetivos eran claros: aumentar tráfico, indexar rutas más rentables y la más difícil y curiosa: competir con empresas de otros medios de transporte, como Renfe en el caso de los trenes o Iberia en el caso del avión, dado que *Alsa* tiene exclusividad en sus rutas por carretera.

¿Cómo lo consiguieron?

En primer lugar, desarrollaron un gestor de contenidos ligero y específico para ganar en velocidad y no tener que depender del dinosaurio que utilizaban ya en la empresa.

Desarrollaron una estrategia SEO por partes para poder analizar de forma separada. Primero detectar rutas más rentables para mantener contento al cliente y luego un estudio en profundidad de las palabras clave y la semántica del proyecto. Paradas, destinos, trayectos, estaciones, elementos turísticos, ...

Hasta aquí, dos meses de trabajo. Ahora llegaba lo mejor.

Se crearon páginas de aterrizaje para las rutas con un diseño extremadamente simple, pero efectivo:

Títulos H1 en la parte superior compuestos por la palabra clave principal:

origen – destino.

Ejemplo: *Madrid - Granada*

Figura 4.30. Caso Alsa, Madrid - Granada

Si nos fijamos en la página de aterrizaje, tiene el título con la *keyword* origen – destino, un párrafo breve que también contiene el término a posicionar, una imagen optimizada y con el *alt* reforzando la semántica, al lado el formulario de compra y debajo, que no se ve en la captura, continúa el texto para reforzar las palabras clave agregar enlaces internos y llegar a la cantidad de contenido recomendada.

Además, las páginas son muy ligeras y cargan muy rápido. Podemos decir que son unas páginas de aterrizaje de manual, que cumplen perfectamente con las especificaciones de los buscadores, como verás conforme avances más en el libro. Te invito a que te detengas a inspeccionar cómo está configurado el SEO en los diversos elementos de alguna de ellas.

También se crearon páginas de aterrizaje con estructura en silo para los destinos, con la fórmula *Viajar a + destino*. Ejemplo: Viajar a Astorga.

¿Cuáles fueron los resultados?

Incremento de visitas: +15% usuarios nuevos.

+24% precio medio de billetes, evitando comisiones de páginas de terceros. +12,7% tasa de conversión de tráfico SEO.

EJERCICIO PROPUESTO CAPÍTULO 4

Redacta un artículo de 450 palabras con las directrices que se han indicado en la unidad. Posteriormente optimiza el SEO *on page* del mismo.

Si tienes un sitio web en Wordpress publicado puedes ayudarte con *Yoast SEO*.

En caso contrario puedes hacer uso de *Web Text Tool*. Hay versiones de prueba de 30 días para esta herramienta.

CUESTIONES CAPÍTULO 4

▼ **P1. El atributo alt:**
- Sirve para mostrar imágenes a un tamaño determinado.
- Sirve para optimizar imágenes.
- Sirve para mostrar un texto alternativo.
- Todas son correctas .

▼ **P2. El anchor text:**
- Es el texto que se ve de los enlaces.
- Idealmente debe contener una palabra clave.
- Lo especificamos entre las cláusulas de apertura y de cierre de la etiqueta a.
- Todas son correctas.

▼ **P3. La guía de estilos:**
- Sirve para aplicar estilos CSS a nuestras páginas.
- Es el documento que recoge las pautas de estilado a seguir por el grupo de trabajo.
- Es el manual para aplicar estilos SEO.
- Todas son correctas.

▼ **P4. Las imágenes:**

- Deberían subirse a la web como mucho al máximo tamaño en que se vayan a mostrar.
- Deben ocupar el mínimo espacio en disco posible.
- Se recomienda utilizar la palabra clave principal de la publicación en al menos una de las imágenes.
- Todas son correctas.

▼ **P5. La meta descripción:**

- Tiene un máximo de 260 caracteres.
- Es el texto que aparece en los resultados de búsqueda bajo la URL de la página.
- Debe contener varias veces la palabra clave principal.
- Todas son correctas.

5

CÓMO PLANIFICAR LOS CONTENIDOS

5.1 TANGIBILIZAR EL ESFUERZO. ESCRIBIR UN ARTÍCULO PARA SEO

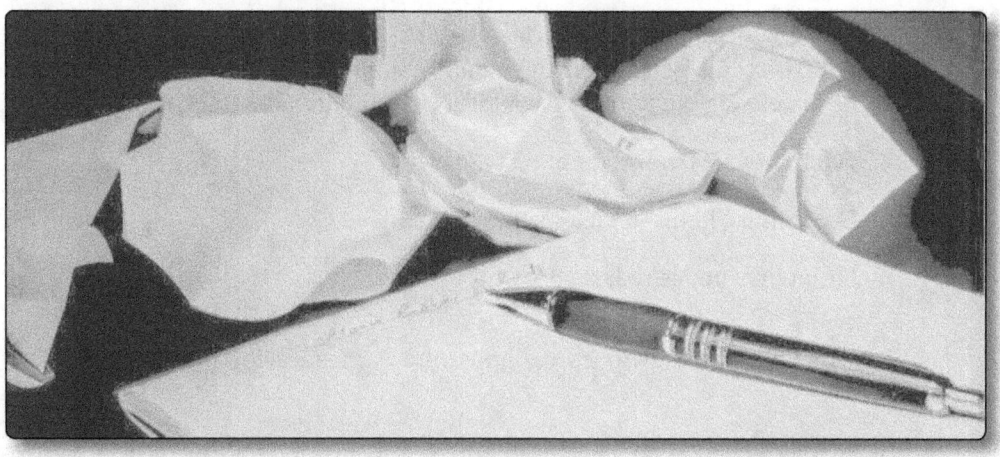

Si has hecho el ejercicio del capítulo anterior, te habrás percatado del esfuerzo que supone escribir un artículo. Y si lo escribimos teniendo en cuenta lo que hemos aprendido de SEO, mucho más.

Me puedo imaginar todo lo que has tenido que hacer:

▶ Para empezar, a hay que tener claro de lo que se desea escribir, acorde a los objetivos del proyecto.

- Después debemos estudiar las palabras clave a utilizar, tanto la principal, como todos aquellos términos de búsqueda más específicos que deseemos introducir en el texto, títulos y demás elementos de estilado.

- Posteriormente deberemos investigar sobre el tema y obtener fuentes fiables.

- Aunque dominemos la materia sobre la que escribimos, siempre es necesario contrastar por si hay alguna novedad.

- Estructurar el texto, su tono y lenguaje.

- Después deberemos buscar material multimedia, tanto imágenes como algún vídeo o podcast y optimizarlo en el caso de las imágenes

- Sentarnos a escribirlo, que no es fácil. Debemos estar inspirados y tenerlo claro.

- Si hemos hecho todo lo anterior primero, este trabajo será mucho más sencillo y rápido.

- Una vez hemos terminado de escribirlo habrá que repasarlo, idealmente por parte de alguna tercera persona, ya que de lo contrario seguro que se nos cuela alguna falta de ortografía o fallo gramatical. Es normal.

- Habremos de configurar el SEO *on page*.

- Determinar la fecha ideal de publicación.

- Difundirlo en las redes, etc.

De estas últimas cuestiones y alguna otra vamos a hablar en los apartados sucesivos.

Si no has hecho todo lo anterior junto con el ejercicio de la lección, te aconsejo que pruebes, ya verás como si hacemos las cosas de forma estructurada es mucho mejor. Aun así, te darás cuenta de que esto de escribir para Internet no es moco de pavo.

¿Cuánto tiempo has tardado en escribir un artículo con todo lo que ello conlleva?

Me gustaría que esto lo experimentes y lo compartas conmigo o con otros colegas. En cualquier caso, estoy seguro de que a menos que tengas experiencia en esto de escribir, te ha llevado varias horas.

Lo bueno es que, como con todo, mejoramos con la práctica. Y mucho. Te puedo decir que yo tardaba unas 4 horas en tener preparados mis primeros artículos y ahora menos de una hora.

Evidentemente y afortunadamente hay profesionales que nos pueden ayudar con esto. En el capítulo anterior hablábamos concretamente de una experta en copywriting web. Habrá muchos más. Más caros, más baratos.

Te puedo recomendar otra empresa que se está haciendo muy conocida a nivel nacional y tienen unos precios muy competentes. *LowPost*.

Estos son los precios que aparecen actualmente en su página:

NÚMERO DE PALABRAS	PRECIO*
100	7,50€
150	9,15€
225	10,95€
300	12,00€
450	16,65€
500	18,00€
600	21,00€
800	25,60€
1000	28,00€

Figura 5.1. Tabla de precios Lowpost

Tras haber hecho el esfuerzo de escribir un artículo de 450 palabras, me gustaría que pensaras si te parece que sale rentable pagar esas cantidades que ofrecen en Lowpost a cambio del trabajo que supone escribir, sobre todo si no somos expertos en un tema.

5.2 CONTENIDO AUTOGENERADO

No todo es dolor y sufrimiento en esta vida, también hay buenas noticias. ¿Qué crees que tienen en común Trip Advisor, Booking, Foro Coches, Wikipedia, Facebook o Youtube?

Tienen en común que son páginas líderes en su sector a nivel SEO. Busques lo que busques dentro de su sector, siempre las verás entre los primeros resultados.

Estas páginas están en los primeros resultados porque tienen una ingente cantidad de páginas y de contenido. Y solo pueden tener todas estas páginas por que miles o millones de usuarios les ayudamos día a día a generar ese contenido. Esto es lo que llamamos contenido auto generado o contenido generado por los usuarios.

¿Recuerdas el truco que veíamos en la actividad propuesta del capítulo 1?

Figura 5.2. Páginas que Google tiene indexadas de Booking. 39 millones y medio

Conseguir esto por supuesto no es fácil, pero si lo conseguimos, obtendremos una gran ventaja sin lugar a dudas.

Por ejemplo, hablando a menor escala, tenemos los comentarios que los usuarios pueden hacer en nuestros artículos de blog. Esto no deja de ser contenido autogenerado, que además nos ayuda a posicionar nuestros términos ya que, en la mayoría de las ocasiones, la gente que participa escribirá cosas relacionadas con la temática de la publicación.

Además, ya hemos hablado también de que Google da gran importancia a la participación de los usuarios cuando hablábamos de YouTube. Pues esto también se aplica a cualquier otro entorno, incluido nuestro propio blog.

Hay más formas de crear contenido de forma automática. Existen herramientas de generación automática de textos. ¿Te sorprende?, ¿cómo crees que algunos son capaces de posicionar páginas de la noche a la mañana?

En realidad, lo he dicho demasiado rápido. Veamos un poco mejor cómo funciona esto.

Figura 5.3. Portada de Espinner

Más que contenido auto generado, aquí hablamos de copiado y posteriormente transformado. Hay programas informáticos que, al igual que hacen los buscadores, tienen la capacidad de rastrear Internet y descargarse los contenidos que encuentran en las páginas web.

Estos programas son conocidos con el nombre de *scrappers*.

El material de texto obtenido no son más que fragmentos de texto de diversos sitios en los que se menciona o guardan cierta relación con un término de búsqueda determinado.

Posteriormente estos fragmentos de texto se trabajan en otros programas que se denominan *spinners*, que lo que hacen es ordenar esos textos de otra manera de forma que sean irreconocibles como contenido duplicado por los buscadores.

Estos *spinners*, no solo alteran el orden de los textos, sino que además proponen variantes de parte de las palabras a través de tesauros o diccionarios de sinónimos.

El uso de estas herramientas está considerado como *black hat* o SEO malicioso, ya que lo que pretenden es intentar engañar a los buscadores utilizando contenido no original.

Cada vez los buscadores son más potentes a la hora de luchar contra esta clase de técnicas y como decíamos anteriormente, una vez que un dominio se encuentra en una lista negra, será imposible levantarlo de nuevo. Por tanto, es necesario ser muy cuidadosos a la hora de utilizar estas técnicas y de hecho los profesionales utilizan métodos muy complejos para conseguirlo, como por ejemplo usar formas de lavado de URL a través de redirecciones.

Para comprender estos términos es necesario primero que hablemos más sobre *linkbuilding*, en lo que profundizaremos más adelante.

De todas formas, te indico un recurso en el que puedes encontrar este servicio para textos en español: *Espinner.net*.

5.3 EL PLAN DE COMUNICACIÓN Y EL CALENDARIO EDITORIAL

Vale, ya sabemos que tenemos que generar contenidos para posicionarnos, pero, ¿cuánto?, ¿con qué frecuencia?, ¿a quién me dirijo?, ¿cómo?

Todas estas preguntas y muchas más deben ser contestadas por nosotros mismos y reflejadas en los documentos que se mencionan. El plan de comunicación y el calendario editorial. Veamos cada uno de ellos:

5.3.1 El plan de comunicación

El plan de comunicación debe ser un documento vivo, del cual plantees su primera versión idealmente antes de sacar a la luz el proyecto y que debes intentar seguir lo más fielmente posible.

Utilizaremos un período de tiempo para llevar a cabo una fase, después se analizan los resultados, se actualiza y se vuelve a comenzar. De este modo facilitamos el proceso de mejora continua, tan necesario en cualquier empresa o proyecto.

Vamos ahora a explicar brevemente los apartados que debería contemplar un plan de comunicación.

5.3.1.1 CONTEXTO

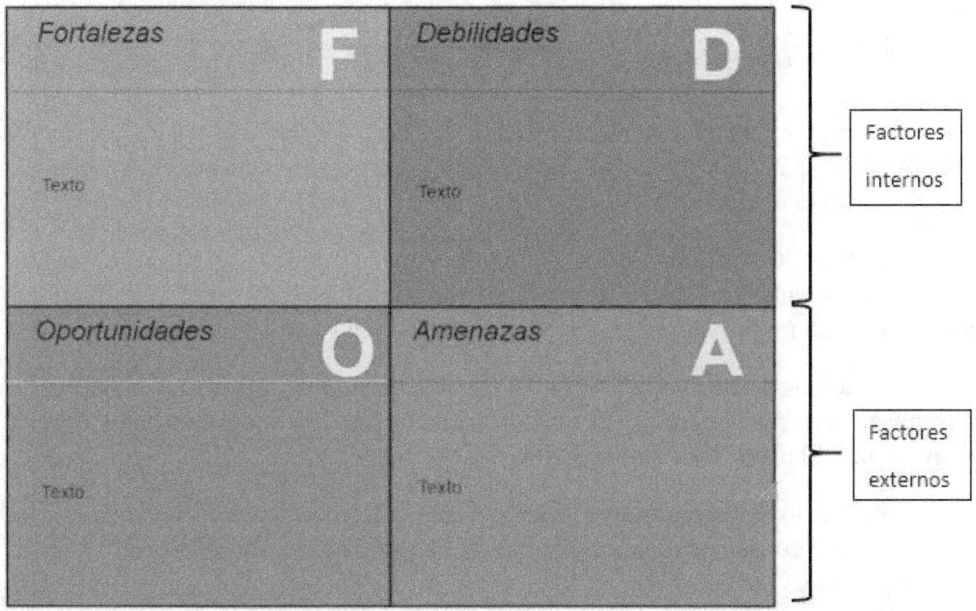

Figura 5.4. Dafo

Se trata de analizar el contexto del proyecto. El entorno social, local y la empresa o proyecto en sí mismo. Una herramienta muy útil para esto es el famoso DAFO. Una tabla de 2 filas y dos columnas en la que indicamos estos factores externos e internos, haciendo una pequeña lista de amenazas y oportunidades en el caso de los factores externos y de fortalezas y debilidades en el caso de los internos.

5.3.1.2 OBJETIVOS

Es muy importante plantearse objetivos. Esto debería ir antes incluso que la elaboración de palabras clave. Estamos hablando de objetivos de negocio, objetivos para tu proyecto o empresa.

Si trabajas para una empresa probablemente ya tengan un plan empresarial o algún documento similar en el que están plasmados. Si haces este curso también pensando en algún proyecto personal, no dejes de plantearte objetivos.

Podemos planear objetivos a largo plazo o a corto plazo. Los objetivos a corto plazo son más concretos. Veamos las características básicas que debe tener un objetivo a corto plazo bien elaborado:

- **Realista**. Un objetivo debe ser lo suficientemente difícil como para que conseguirlo suponga un reto, sin llegar a ser tan difícil que se haga inalcanzable.

- **Medible**. Es necesario que podamos saber con exactitud si hemos cumplido o no el objetivo y cuanto nos ha faltado para conseguirlo o por cuanto nos hemos pasado. A la forma o fórmula que utilizamos para medir el objetivo la llamamos indicador.

- **Fecha límite**. Todo objetivo debe tener fecha de fin, para poder realizar esa medición, revisarlo y reformularlo para el siguiente período.

EJEMPLOS

Incrementar las ventas en un 10% en 6 meses. Indicador: n° de ventas. Tiempo: 6 meses.

Incrementar las interacciones de las publicaciones en las redes sociales en un 5% en 6 meses. Indicador: n° de interacciones. Tiempo: 6 meses.

Reducir el coste medio de adquisición en 1€ por cliente en 6 meses. Indicador: CMA. Tiempo: 6 meses.

5.3.1.3 PÚBLICO

Ya hemos mencionado que conocer bien al público al que nos dirigimos es de vital importancia.

En este apartado vamos a indicar las características de los diversos perfiles de público a los que nos dirigimos.

Cada vez que saquemos una conclusión interesante sobre nuestro público tras, por ejemplo, hacer una encuesta o una campaña de publicidad en Facebook, deberíamos anotarla en este apartado.

Para ayudarte a determinar el público objetivo puedes hacerte las clásicas preguntas formuladas con qué, quién y dónde.

EJEMPLOS

¿Qué ofrezco que se diferencie de lo que ya hay?

¿Quién puede tener la necesidad de adquirir lo que ofrezco?

¿Dónde encuentro a estas personas?

5.3.1.4 MENSAJE

Se trata del elemento en sí que se desea comunicar dirigido a uno de los públicos objetivo planteados.

Recuerda la estrategia de la pirámide invertida, sé claro y directo y trata de contestar preguntas que haría ese público.

Ya hemos visto técnicas con las que podemos identificar qué preguntan a Google los usuarios.

Te recuerdo la herramienta *Answer the public*, especialmente útil para detectar preguntas de los usuarios.

A parte de eso, puedes hacerte preguntas como las siguientes.

EJEMPLOS

¿Qué necesitan estas personas saber?

¿Saben ya algo sobre el mensaje que quieres transmitir?

¿Esto les afecta de forma directa?

¿Qué beneficios van a obtener?

¿Cómo podrán informarse mejor?

5.3.1.5 ESTRATEGIA

Aquí definimos cómo y en qué tiempos y orden vamos a desarrollar las acciones del punto siguiente.

EJEMPLOS

En qué canales vamos a tener presencia para alcanzar a ese público objetivo.

Qué redes sociales vas a emplear.

Escribiré un blog.

¿Desarrollo un canal en YouTube?

¿Por cuánto tiempo?

¿En qué orden?

Puede que tengamos dos públicos objetivo distintos que se encuentran en canales distintos.

EJEMPLO

Pensemos en una empresa que se dedique a organizar y gestionar eventos y debido a las fortalezas del equipo y a las características del local, su cliente pueden ser las mamás que desean celebrar los cumpleaños de sus hijos o jefes de equipo de empresas que busquen actividades para fomentar el trabajo en equipo de sus trabajadores.

Seguramente para dirigirnos a estas mamás acudamos a Pinterest o Instagram y para los jefes de equipo a LinkedIn.

Debido a los recursos de la empresa, no se podrían abarcar ambos públicos en una primera fase, ya que implicaría un gran trabajo en cada una de esas redes.

Igualmente, para invertir en publicidad. Hay muchas formas de hacer publicidad *online*.

- En un buscador como Google mediante Google Adwords.
- En redes sociales como Twitter mediante Twitter Adds.
- En portales privados de difusión y publicidad *online* como Publisuites.
- En blogs de blogueros influyentes de tu sector.
- En canales de *YouTubers* influyentes de tu sector.
- En prensa digital especializada, etc.

Doy por hecho que en el proyecto se ha desarrollado previamente un plan de negocio, pero si no es el caso, si tienes ya claros los puntos anteriores, como objetivos y público, te recomiendo que trates de plasmar el modelo de negocio de forma visual con una herramienta como el *lienzo de modelos de negocio de Alexander Osterwalder*.

5.3.1.6 ACCIONES

Una vez determinada la estrategia, describimos en este apartado más concretamente las acciones a llevar a cabo para alcanzar nuestros objetivos mediante la estrategia anterior.

Las acciones comunicativas es importante clasificarlas por categorías temáticas y así poder medirlas por separado y obtener datos más significativos.

Las categorías de contenido deben ser interesantes para el público objetivo a la par que reforzar nuestra estrategia.

Puedes usar un gráfico como el siguiente para visualizar más claramente las mejores categorías y determinar las más interesantes:

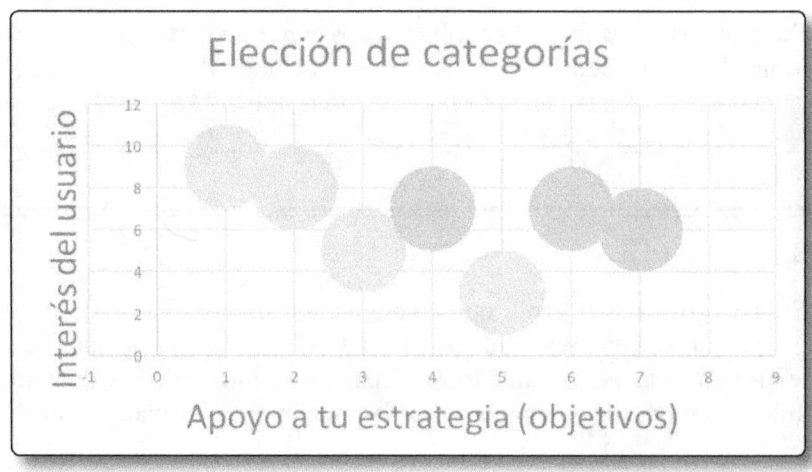

Evidentemente, para conocer el interés del usuario es necesario probar primero. Recuerda que todo esto son documentos vivos, es decir, que debemos actualizarlos constantemente para poder mejorar de forma continua.

Volviendo al gráfico anterior, los círculos representan cada uno una categoría distinta. Por ejemplo, llamaremos categoría 1 a la más a la izquierda, y así sucesivamente hasta la más a la derecha que sería la categoría 7.

El eje vertical representa el interés que muestra el usuario hacia esas categorías a través de interacciones en redes sociales, blog y demás.

El eje horizontal representa cuán relevantes son esos tipos de contenido para tu estrategia y objetivos.

Por tanto, los círculos que están más arriba y a la derecha, coloreados en naranja, son las categorías de contenido más relevantes o interesantes de trabajar. Entonces asignamos pesos o porcentajes a cada categoría en función de su importancia.

EJEMPLO

Asignamos un 20% a las categorías 4, 6 y 7, representadas por los 3 círculos naranjas, lo que suma un 60%.

Asignamos un 15% a las 2 siguientes en importancia, categorías 2 y 3. 30%+60%=90%.

Y un 5% a las 2 menos importantes. Categorías 1 y 5.

Por tanto, si realizamos 20 publicaciones al mes, tendremos una publicación de cada una de las categorías 1 y 5, 3 publicaciones de las categorías 2 y 3 respectivamente y 4 publicaciones de las categorías 4, 6 y 7.

EJEMPLO

Siguiendo con el ejemplo que comentábamos, para el caso de dirigirnos a esos jefes de equipo de empresas que buscan actividades para fomentar el trabajo en equipo de sus trabajadores mediante LinkedIn, indicaríamos el tipo de contenidos que van a publicar y compartir, categorizándolo por temáticas y formato y especificando el número de publicaciones que se van a realizar, de dónde se va a obtener el material, si se va a crear un grupo o perfil de empresa, por ejemplo.

También si se invertirá en publicidad en esta plataforma y cómo, asociándolo a uno de los objetivos anteriores y estableciendo indicadores pertinentes, etc.

Cuanto más detallado esté todo, más fácilmente podremos elaborar el calendario.

5.3.1.7 CALENDARIO

En este calendario indicamos fecha y temática de todas las publicaciones que se hagan a lo largo de un mes. Tanto en medios sociales, como en blog u otros medios.

Parece muy trabajoso, pero tiene grandes ventajas.

- ▼ Si tenemos hecho todo lo anterior, no es difícil de hacer.
- ▼ Aporta una perspectiva global y visual de la estrategia.
- ▼ El primero costará más, pero luego es fácil de replicar.
- ▼ Con los resultados del mes anterior puedes ir haciendo modificaciones y ajustes para ir mejorando.

Este calendario te permite de forma fácil monitorizar y detectar los fallos.

5.3.1.8 PRESUPUESTO

Es muy importante también tener claro lo que nos está costando todo.

Y hay que tener en cuenta que el tiempo que empleamos las personas es equiparable en este sentido al dinero.

Se trate de dinero, o de tiempo de recursos humanos. Debemos contabilizarlo para identificar también de forma más completa todo este engranaje de consecución de objetivos, estrategias y tareas.

5.3.1.9 SEGUIMIENTO

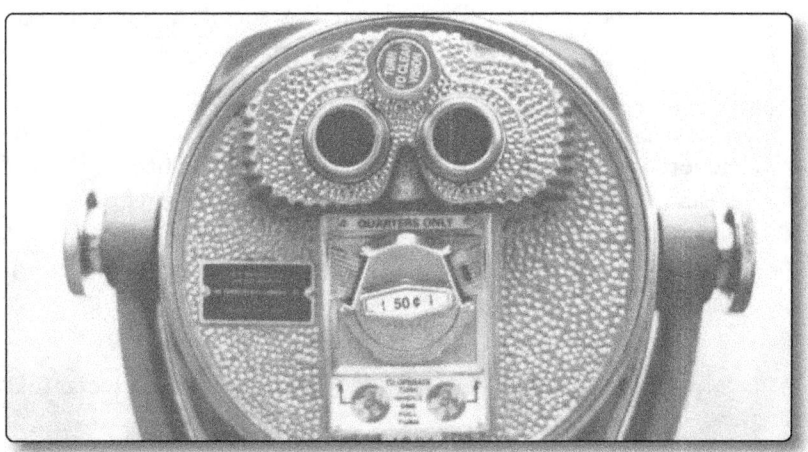

Todo esto se debe ir medido con la máxima precisión posible.

Una de las grandes ventajas del marketing *online* es que sabemos con gran exactitud lo que ocurre en nuestras páginas web, redes o anuncios. Además, hay una gran cantidad de herramientas analíticas independientes y específicas para pada red o herramienta de publicación que te pueden aportar mucha más información.

Esta información debe poder contestar a los indicadores que hemos planteado anteriormente con los objetivos.

Idealmente deberíamos ser capaces de calcular el retorno de la inversión, es decir, cuántas ventas consigues con cada inversión en marketing y el coste de adquisición de cada cliente, es decir, lo que te cuesta adquirir un nuevo cliente.

5.3.1.10 REVISIÓN

Al finalizar un período o bucle del tiempo que nos hayamos marcado, toca analizar los resultados para, como decía antes, saber cuánto nos ha faltado para alcanzar esos objetivos y tratar de saber por qué ha sido así para darle solución o mejorar más aún, aunque los resultados fueran más positivos de lo esperado.

Con esto cerramos un ciclo para entrar en siguiente y mantenernos en ese proceso de mejora continua.

5.4 PROTOCOLO POST PUBLICACIÓN

El protocolo post publicación es un documento que pretende plasmar y procedimentar en la medida de lo posible todo aquello que debemos hacer al publicar contenido nuevo. Esto, al igual que la guía de estilos que mencionábamos anteriormente, es especialmente útil cuando en un proyecto participan varias personas.

EJEMPLOS

Cada vez que se publique un artículo de blog:

Se difundirá en las redes sociales indicadas según el calendario de publicaciones.

Se emitirá un comunicado a colaboradores y colegas para que estén al tanto y que nos enlacen si lo desean.

Se incluirá un nuevo programa de difusión para este contenido dentro del calendario de los meses próximos.

Se enviará a los principales agregadores de noticias, etc.

Cada vez que lancemos una oferta:

- Se difundirá en las redes.
- Se incluirá en el boletín previo de envío por correo.
- Se enlazará desde páginas de productos o artículos asociados.
- Se realizará una campaña publicitaria en tal red social...
- Cada vez que agreguemos un nuevo producto al catálogo...
- Cada vez que termina una campaña publicitaria o una oferta temporal...

EJERCICIO PROPUESTO CAPÍTULO 5

Elabora o actualiza un plan de comunicación para el proyecto que estés trabajando.

Puedes utilizar estas plantillas como ayuda para ello:

Plantilla de plan de medios digitales | plan de marketing online simplificado.
Plantilla para el DAFO.

Elabora el calendario de publicaciones para un mes en el proyecto en el que estés trabajando. Si a corto plazo no se plantea llevarlo a cabo, puedes crear uno tipo que pueda servir de ayuda llegado el momento.

Puedes utilizar una herramienta como Google Calendar, iCal o el calendario de MS Outlook para llevar a cabo esta tarea.

Ayuda para el uso de Google Calendar:

Video tutorial Google Calendar Parte 1. Usuarios, eventos, tareas.

Video tutorial Google Calendar Parte 2. Importar y compartir.

CUESTIONES CAPÍTULO 5

▼ **P1. Cuando escribimos un artículo para SEO debemos tener en cuenta...**
- Determinar el tema y palabras clave a utilizar.
- Investigar, obtener fuentes y material multimedia.
- Revisarlo y configurar todo el SEO *on page*.
- Todas son correctas.

▼ **P2. Para conseguir contenido autogenerado:**
- Debemos ser más rápidos que la competencia.
- Debemos conseguir formar una comunidad de usuarios implicados que participen.
- No es posible generar contenido de forma automática y que a la vez sea válido para SEO.
- Todas son correctas.

▼ **P3. El black hat SEO:**
- Son técnicas que pretenden engañar a los motores de búsqueda.
- Garantiza el posicionamiento en las primeras posiciones de las SERP.
- Solo funciona con Google.
- Todas son correctas.

▼ **P4. Respecto al plan de comunicación:**
- Es un documento que te ayudará a la mejora continua en la comunicación con los clientes.
- Debe contener los objetivos empresariales claramente especificados y con fecha de fin e indicador.
- Incluye al calendario de publicaciones, que te ahorrará mucho tiempo cuando vayas publicar o difundir contenido.
- Todas son correctas.

▼ **P5. El protocolo post publicación:**
- Debe contener los objetivos empresariales claramente especificados y con fecha de fin e indicador.
- Es una guía para determinar los pasos a seguir tras publicar nuevo contenido.
- Debe contener varias veces la palabra clave principal.
- Todas son correctas.

6

EL ADORABLE MUNDILLO DE LOS ENLACES

6.1 ESTRUCTURA DE ENLACES INTERNOS

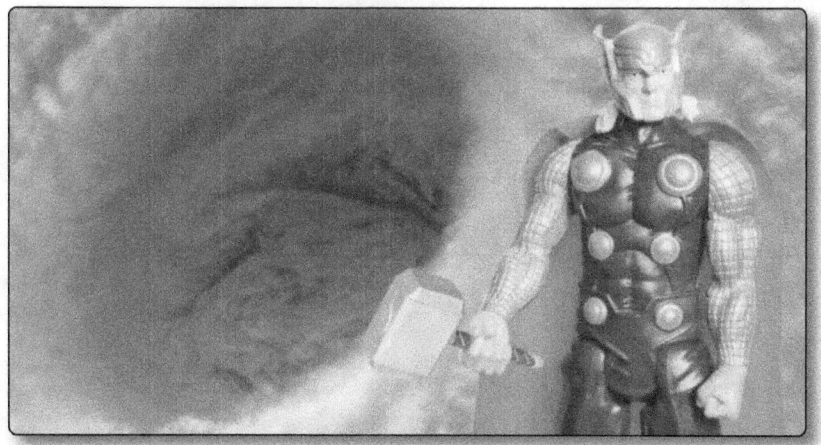

Ya hemos dicho que los enlaces son la base fundamental de las páginas web e Internet. Para poder navegar entre páginas o sitios lo hacemos mediante enlaces, tanto nosotros como los robots.

Y no solo pienses en los clásicos enlaces de texto que identificamos normalmente con un subrayado. Las imágenes, en la mayoría de los casos, también contienen enlaces, cualquier botón que veas, también contiene un enlace que nos llevará a la página de destino.

También hablamos de enlaces internos cuando se trata de enlaces que apuntan a otras páginas de nuestro mismo sitio web y de enlaces externos cuando apuntan a otros sitios web. En este apartado vamos a ver los primeros.

Las páginas web más antiguas que se hacían hace ya algunos años, simplemente contenían enlaces normales y menús de navegación, que no son más que enlaces, lo único es que suelen estar en la parte superior de la página y con un diseño más llamativo.

Posteriormente, con el fin de hacer nuestros sitios web más navegables, los gestores de contenidos han creado otra serie de elementos como pueden ser las categorías o las etiquetas que encontramos en Wordpress, en Joomla, Prestahop, etc.

Estas categorías y etiquetas nos ayudan a hacer nuestros sitios más navegables y organizados, pudiendo jerarquizar la información de manera coherente, tal como veíamos anteriormente cuando hablábamos de la pirámide y los silos.

Vamos a estudiar un ejemplo de cómo se organiza una página web que, a mi juicio, tiene una muy correcta y trabajada estructura de enlaces internos y además es muy fácil de comprender.

Se trata de un proyecto sobre dinosaurios, *dinosaurioss.com*, de uno de mis mentores, Dean Romero, que es uno de los *cracks* de SEO en España.

6.1.1 Estructura jerarquizada por categorías

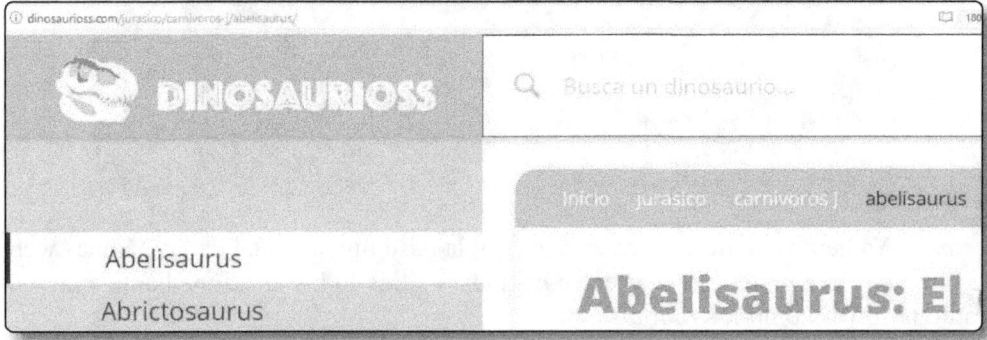

Figura 6.1. Estructura de enlaces por categorías

En la imagen anterior hemos accedido al primero de los dinosaurios que aparecen en el menú de navegación lateral izquierdo del sitio web dinosaurioss.com.

Abelisaurus. Este reptil era carnívoro y perteneció a la era del jurásico. Si echamos un ojo a la URL o a las migas de pan, veremos que este dinosaurio se encuentra categorizado de esta manera:

→ jurásico → Carnívoros jurásico

Por un lado, hay una categoría padre que sería jurásico, y de esta cuelgan las categorías hijas carnívoros del jurásico, herbívoros del jurásico y omnívoros del jurásico.

Si echamos un ojo a cualquier otra de las eras, siguen una disposición análoga, pero siempre con esta estructura en silo en la que los elementos se encuentran enlazados de forma vertical.

Esta sería la estructura, siendo jurásico y cretácico dos de las eras o períodos de tiempo de la época de los dinosaurios.

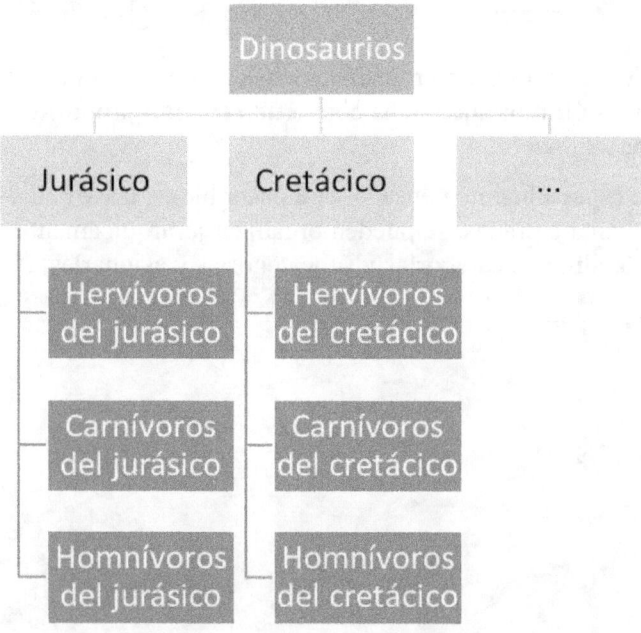

Es muy interesante también observar que las páginas de las categorías tienen contenido también, ya que están posicionándose igualmente por otros términos.

Otra apreciación interesante es que las páginas de, por ejemplo, herbívoros, son distintas en cada era, de hecho, tienen distinta URL y distinto contenido. De este modo estamos evitando el contenido duplicado y mantenemos esa estructura en silo, aunque las categorías hijas se repitan en todas las eras.

6.1.2 Cómo gestionar las categorías en Wordpress

Wordpress en un sistema preparado especialmente para hacer blogs, aunque es cierto que en los últimos años se ha convertido en multipropósito, pudiendo crear cualquier tipo de sitio web.

Al estar especialmente pensado para hacer blogs, los artículos del blog, a lo que Wordpress llama entradas, se pueden organizar jerárquicamente por categorías, pudiendo crear fácilmente categorías y subcategorías y asignarlas a las entradas.

Figura 6.2. Edición de categorías de Wordpress

En la imagen anterior se puede ver la página de edición categorías de Wordpress. Vemos que crear una categoría es tan fácil como ponerle un nombre y en la parte derecha se ven algunas de las categorías y subcategorías. Para crear subcategorías no habría más que asignar la categoría padre en el cuadro con nombre "*Categoría superior*". Cuando está asignado a *Ninguna*, es que es una categoría padre, es decir, que no tiene categorías por encima.

Además, con un componente para SEO como el que hemos mencionado, *SEO Yoast*, podemos también agregar una descripción e imagen a las categorías, para que la página que muestra todos los elementos de una categoría muestre además lo que agreguemos aquí, pudiendo así tener un mayor control de las palabras clave de cada una.

Otra cosa que podemos hacer es realizarlo todo mediante páginas enlazadas entre sí en lugar de entradas y categorías. Las páginas están destinadas a albergar contenido estático y no tiene la funcionalidad de blog ni le podemos asignar categorías, pero podemos generar esta estructura en silo de manera más eficiente, aunque más trabajosa. Así es como está hecho en *dinosaurioss* y gracias a ello están introduciendo contenido en lo que parecen ser categorías, pero en realidad son páginas estáticas convenientemente enlazadas y organizadas.

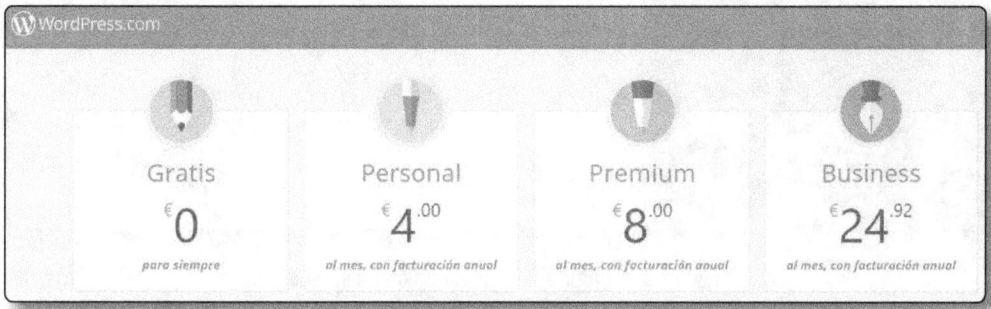

Figura 6.3. Planes en Wordpress.com

Es probable que esto te resulte difícil de entender si no conoces Wordpress, por ello te aconsejo que pruebes Wordpress aunque sea en su versión gratuita alojada en *wordpress.com* que, aunque limitada, podrás experimentar con muchas de las cosas que estamos comentando. Eso sí, ten en cuenta que, en la versión gratuita *online*, al estar limitada, no se pueden agregar componentes, por tanto, no podrás instalar el *plugin Yoast SEO*.

Para disponer de la versión completa e igualmente gratuita debes ir a *wordpress.org* y descargarla, pero esta versión debe estar alojada en un servidor web, que puedes adquirir contratando un servicio de *hosting*.

6.1.3 Categorías en Prestashop

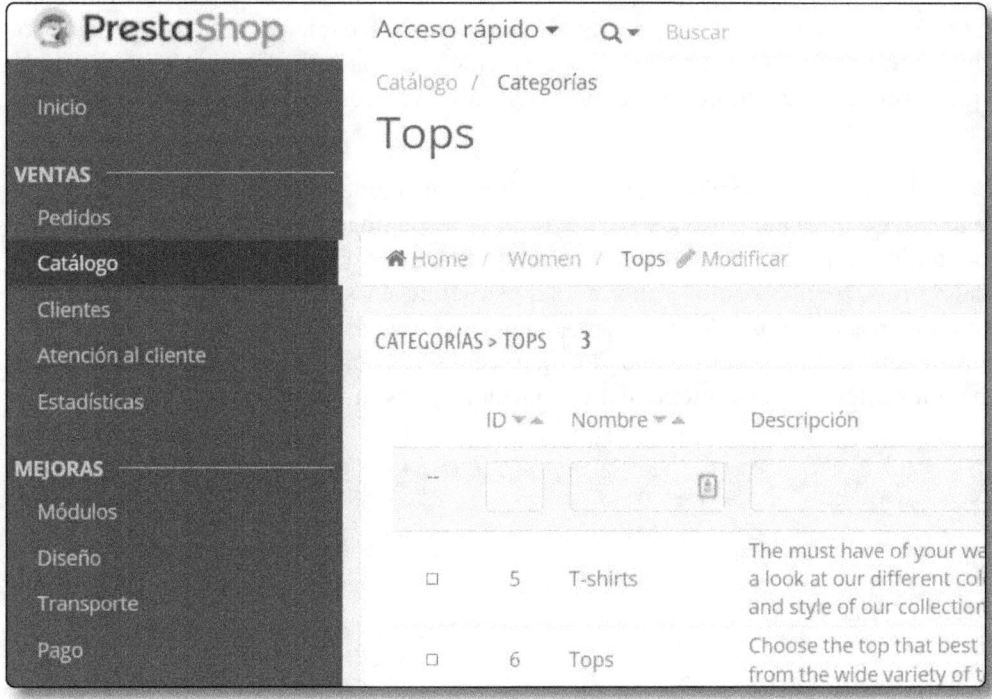

Figura 6.4. Página de categorías de Prestashop

Prestashop es el gestor de contenidos más extendido en España que sirve específicamente para crear tiendas virtuales. Es, sin lugar a dudas, muy potente y altamente fiable.

Como podemos ver en la imagen anterior, en la sección *catálogo* del panel lateral izquierdo, podemos acceder a la página para gestionar las categorías, en este caso de productos. Y tal como vemos en la parte derecha, las migas de pan nos indican que nos encontramos en una categoría hija llamada Tops, que a su vez contiene las categorías hijas T-shirts (camisetas), Tops y Blouses, y que se encuentra dentro de la categoría Women (mujeres).

Un ejemplo de migas de pan con la subcategoría *Blouses* sería:

Home → Women → Tops → Blouses

Crear categorías y asignar productos a estas categorías es igualmente fácil en Prestashop y, además, podemos también agregar los elementos de SEO *on page* a estas páginas en el mismo lugar en el que creamos y configuramos la categoría.

6.2 BACKLINKS

Figura 6.5. Back to the Future by Graffiti Life por MsSaraKelly

Los *backlinks* o enlaces entrantes, son los enlaces que apuntan a páginas de nuestro sitio desde otros sitios web.

Si anteriormente hablábamos de SEO *on page* para las acciones que hacemos dentro de nuestro sitio para mejorar el SEO, llamamos SEO *off page* a todas las acciones que hacemos para mejorar el posicionamiento fuera de nuestro sitio.

Y dado que la autoridad de una página se transmite mediante los enlaces, serán estos los elementos fundamentales a tener cuenta para nuestro *SEO off*.

Por tanto, esta parte del SEO se reduce exclusivamente a la gestión y la generación de *backlinks*, proceso que llamamos *linkbuilding* (construcción de enlaces). Pero antes de ponernos a hablar sobre cómo obtenemos enlaces entrantes, es importante pararse a considerar las diferencias de los *backlinks* con respecto a los enlaces internos.

La gran diferencia es que no tenemos control sobre ellos, ya que están en sitios web de terceros. Pero esta diferencia, tan simple y evidente como parece, trae consigo muchos quebraderos de cabeza, y para ello conviene conocer un poco mejor a nuestro amigo *"el pingüino"*.

6.2.1 Google Penguin, el antes y el después del linkbuilding

Seguro que, a muchos de vosotros, al conocer cómo funciona para los buscadores esto de la autoridad en los enlaces y que la generación de *backlinks* es buena para el SEO, se os ha ocurrido que sería fácil autogenerarse enlaces desde otros sitios simplemente creando otros sitios o utilizando servicios web que nos permitan enlazar nuestro sitio.

Es correcto. De hecho, a mucha gente se le ocurrió hace ya mucho tiempo. Durante muchos años la gente ha creado, uno no, sino múltiples, cientos, miles de sitios que envían enlaces a otros sitios, de forma incluso masiva. Granjas de enlaces se llaman.

Podemos comprar enlaces entrantes al peso para nuestro sitio web.

También hay gente que por un módico precio te enlaza desde miles de listas públicas de marcadores en servicios como el ya extinto *Delicious*.

Utilizando estas técnicas y muchas otras de índole similar que podemos encontrar fácilmente si buscamos un poco, podemos obtener miles de enlaces entrantes *falsos* con muy poco esfuerzo.

¿Qué ha ocurrido?

Pues evidentemente, que los buscadores han puesto en práctica maneras de combatir esta clase de acciones para que no sea tan fácil de burlar la integridad del índice. En 2014 aparece Google Penguin, un algoritmo capaz de determinar la calidad de los enlaces, que además penaliza en el ranking a aquellos que no considera óptimos.

Muchos grandes han caído con la temible llegada del pingüino, y gente que abusaba de estas prácticas, fue duramente penalizada, perdiendo porcentajes brutales en su volumen de tráfico web. La ruina de muchos sitios basados en monetización mediante publicidad, por ejemplo. Y es que, una vez que te penaliza Google, es muy difícil volver a levantar ese tráfico.

6.2.2 El backlink de calidad

Entonces, ¿qué es un enlace óptimo a ojos de Google?

El *backlink* ideal debe provenir de un sitio de relevancia de tu mismo sector.

Debe mencionar en el *anchor text* o cerca de él, el término clave que estemos posicionando en esa página.

Debemos recibir *anchor text* diversificados, es decir, no utilizar siempre la misma palabra clave ni en su misma forma. Debemos usar sinónimos, variantes, etc.

Alternativas y ejemplos:

No usarlo. Si no usas el *anchor text*, lo que aparece es la URL de destino completa. Siempre es una opción:

https://www.diegocmartin.com/project/curso-posicionamiento-seo/

Usar la palabra clave principal:
Curso de posicionamiento SEO

Variaciones de la palabra clave:
Curso de posicionamiento en buscadores

Nombre de marca + palabra clave:
Curso de posicionamiento SEO de Diego C Martín

Imagen como *anchor text*:

Figura 6.6. Si estás viendo esta imagen en formato papel no puedes seguir el enlace, pero en formato digital, haciendo clic, iríamos al destino

Términos *long tail*.
Cómo aprender SEO Online

6.3 CÓMO HACER LINKBUILDING

Lo primero que debe quedar claro cuando hacemos *linkbuilding* es que requiere organización, y como todo, cuanto más procedimentado esté el trabajo, mucho más llevadero y eficaz será.

Cuando hemos conseguido un enlace, lo podemos monitorizar con alguna herramienta externa como las que veremos más adelante. Pero mientras intentamos conseguirlo, no aparece en ningún sitio y puede que no lo consigamos a la primera, así que podemos hacer un seguimiento mediante una hoja de cálculo sencilla en la que anotemos la URL donde pretendemos conseguir el enlace, la URL nuestra de destino, el *anchor text*, la fecha de última interacción, si el enlace es *no follow* (enlaces que no siguen las arañas y que en consecuencia no propagan autoridad) o *do follow* y alguna otra columna para tipos o comentarios.

En la actividad del final del capítulo te comparto una plantilla que puedes usar.

6.3.1 Conseguir enlaces pagando

Como todo en la vida, esto también se puede pagar. ¡Ojo!, no estamos hablando de obtener esos enlaces al peso de dudosa reputación. Estamos hablando de pagar para que nos pongan un *backlink* en un sitio web de relevancia, que escojamos nosotros y de un tema afín. Estas son las dos premisas fundamentales que debes tener en cuenta a la hora de contratar.

Ten en cuenta la página en la que se vaya a colocar y el tráfico que esta tiene. Las mismas herramientas y procedimientos que vimos para análisis de competidores te valen para esto.

¿Dónde pagamos para colocar enlaces?

En revistas y diarios *online* especializados en tu sector

Estos pueden colocar tus enlaces de variadas maneras. Como *banner* en todas o algunas de sus páginas, (si es portada suele ser más caro), en una publicación, en una página de categoría, en un boletín por correo electrónico, En formato papel mediante código QR, etc.

Blogueros influyentes en tu sector. Normalmente podremos pagarle para que escriba un artículo sobre un tema se nuestro interés e incluya un enlace o bien que simplemente haga lo segundo.

Perfiles relevantes de redes sociales.

Mediante servicios de publicidad que conectan ambos lados, escritores influyentes y empresas o personas interesadas en publicitarse, como el que ya hemos mencionado, Publisuites.

6.3.2 Enlaces gratis

Conseguir enlaces valiosos gratuitos es más costoso, pero es gratis. Solo requerirá nuestro tiempo y un poco de creatividad, que es una de las mejores armas que podemos emplear aquí.

¿Sabes que la *Wikipedia* la puede editar cualquiera de forma anónima? Imagina la relevancia de un enlace en la *Wikipedia*. Si eres capaz de colar un enlace y que no te lo quiten en los procesos de revisión, notarás los resultados.

Ese es un ejemplo. Para obtener enlaces gratuitos podemos recurrir a participar en foros que hablen sobre nuestra temática. Hay mucha gente que pone una firma con un enlace en sus comentarios y nadie les dice nada, siempre y cuando hagan comentarios de valor en la comunidad.

Participar en los debates de artículos de blog. En la mayoría de blogs, cuando comentamos, podemos rellenar el campo con una página web. Estamos así generando un *backlink* de un sitio de nuestro interés, aunque no controlamos el *anchor text* o si es *no follow*.

Puedes saber fácilmente si los enlaces de una página son *no follow* con la barra de MOZ que ya mencionamos anteriormente.

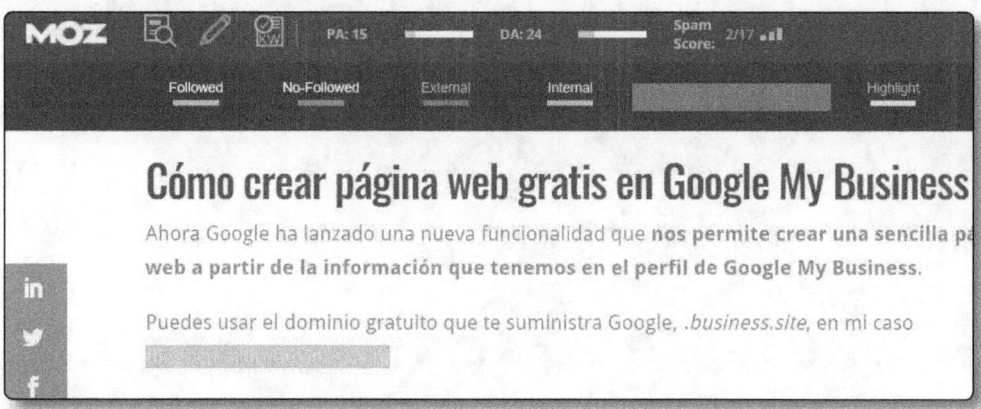

Figura 6.7. Detectar enlaces *no follow* con MOZ bar

En la imagen anterior podemos ver cómo se ven resaltados los enlaces *no follow* de las redes sociales en el margen izquierdo y un *do follow* en turquesa en el texto.

Las **redes sociales**, aunque generan enlaces *no follow*, no dejan de ser enlaces y además permiten también aumentar nuestra visibilidad como marca, así que es una técnica perfectamente viable. Generalmente se pueden poner enlaces también en los comentarios de otras publicaciones, en grupos, debates, eventos, etc.

Otra técnica muy utilizada es el **intercambio de enlaces** entre páginas de distintos sitios. Tú me enlazas a mí, yo te enlazo a ti. Para esto necesitarás amigos, don de gentes y cierta autoridad para que otros estén dispuestos a enlazarte a ti.

De forma natural. No hace falta comentar. Si escribimos cosas suficientemente interesantes hablarán de nosotros.

Y en general en cualquier otro medio digital en el que se te permita agregar enlaces, como **agregadores de noticias** (*Menéame*) o los **famosos directorios de enlaces**, antes del pingüino de uso obligatorio, ahora hay que asegurarse muy bien que se trate de alguno de buena reputación y como siempre que sea de tu sector.

6.4 SEGUIMIENTO Y ESTRATEGIA DE ENLACES

¿Recuerdas qué pasa con un enlace roto?

Que no funciona. Un enlace roto llevará al usuario a una página de error 404.

¿Y cuándo se rompe un enlace?

Cuando la página de destino deja de existir o cambia su URL.

Este es uno de los motivos por los que debemos hacer seguimiento de nuestros enlaces. Para poder recuperarlos en caso necesario.

También es posible que hagas un cambio en tu estrategia de palabras clave y desearás cambiar algunos *anchor text*. Si no sabemos dónde tenemos los enlaces y qué hicimos para conseguirlos, será mucho más difícil volver a acceder a ellos.

Además, hacer seguimiento de los enlaces nos sirve para eliminar *backlinks* de mala reputación.

Con herramientas de análisis de enlaces como *ahrefs* podemos ver un índice de toxicidad de nuestros *backlinks* y así, si un *backlink* es de dudosa reputación, podemos intentar deshacernos de él.

Con la salida del pingüino, Google puso a nuestra disposición una instrucción llamada "*disavow*", con la que podemos desautorizar enlaces no deseados.

A nivel estratégico, yo comenzaría una campaña de *linkbuilding* una vez que el SEO *on page* esté completamente configurado en todo el sitio para sacarle mejor rendimiento.

Por lo demás, siguiendo las órdenes de tu lista de palabras clave, comienza a tratar de identificar sitios que serían buenos candidatos para enlazarte.

Una táctica común es mirar los *backlinks* de los competidores y ver quienes les enlazan. Esto también lo puedes hacer con herramientas completas de análisis SEO como las que veremos en el penúltimo capítulo. De las que hemos mencionado hasta ahora, Similar web es una buena candidata para esto.

6.5 CASO REAL. UNA EMPRESA DE SERVICIOS PARA EL HOGAR

Se trata de una empresa que se dedica fundamentalmente a vender suelos de tarima flotante, aunque tienen otras líneas de negocio.

En este caso no voy a decir el nombre por cuestiones de privacidad, aunque podríamos imaginar que se trata de la empresa que más venta *online* hace en España de este tipo de producto.

Cuando mi colega SEO llegó al proyecto, este estaba mal configurado a nivel estructural y se sustentaba a través de anuncios en listados de empresas por categorías como *Páginas Amarillas*. Hablamos de tiempos en los que aún había muy poca competencia en ciertos sectores de comercio electrónico, allá por 2006 concretamente, por lo que, con poco, podías estar bien posicionado.

Una de las tácticas empleadas para posicionar el sitio de forma fácil y rápida fue la adquisición de enlaces de dudosa reputación, más allá de configurar correctamente la estructura de contenidos.

De esta forma el sitio funcionaba bien. Vendía mucho y tenía un tráfico elevado, estando muy bien posicionado por todos los términos clave. Unas 10 mil visitas diarias.

Un buen día llegó Google Penguin y les arrebató nada menos que el 90% de su tráfico. Lo que hasta ese momento era un negocio rentable, había pasado a ser un dominio duramente penalizado que no valía prácticamente para nada.

Intentaron revitalizarlo con un estudio mucho más intensivo de palabras clave y la generación de nuevo contenido, a la par que trataban de mantener a flote las visitas con fuertes inversiones en Google Adwords y subsanar los males adquiridos con la penalización desautorizando enlaces. Una inversión de más de 90.000 € en unos 6 meses en Adwords no bastó a Google para eliminar las penalizaciones.

Solo quedaba una solución. Crear una nueva web en un nuevo dominio y no redirigir ni enlazar absolutamente nada para evitar transferir las penalizaciones. Partir de cero.

La nueva apuesta: marketing de contenidos a través de un blog con publicaciones constantes y a escalar posiciones.

Ahora la empresa vuelve a funcionar.

6.6 CASO REAL EN TURISMO RURAL

Otro colega, Javier Agudo, en el congreso *SEO Pro* de hace un par de años, contaba cómo combatió él al pingüino como SEO en *Club Rural*. Empresa familiar en el sector del alquiler de habitaciones de casas rurales y digno contendiente en uno de los sectores más competitivos como es el turismo.

Javier nos situaba primero en contexto relatando cómo veían que la tendencia de términos generales en el sector, como "casas rurales", iba en caída libre debido a un proceso de especialización.

Los usuarios comenzaban a buscar de formas más específicas acorde a sus gustos y necesidades, agregando palabras como *jacuzzi* o *mascotas* en sus búsquedas. Esto pudieron detectarlo con lo que por aquél entonces era una herramienta independiente llamada Google Suggest, que luego ha sido integrado en el mismo buscador y hoy conocemos como las sugerencias de Google, que hemos visto en el capítulo 2.

Tras la detección de esos términos, 170 *keywords* en total, realizan un análisis de competidores, haciendo seguimiento de grandes proyectos como TripAdvisor o Booking y blogs de nicho que comenzaban a florecer en el sector como por arte de magia.

La arquitectura de estos blogs y portales similares del sector, al igual que la de Club Rural era simple: palabra clave principal + destino o característica.

EJEMPLOS

Casas rurales Jaén

Casas rurales Toledo

Casas rurales piscina

Por lo que, con ese escenario, para posicionarse y poder competir hicieron lo que muchos otros hacíamos en la dorada época pre pingüino: Conseguir enlaces al peso.

Concretamente unos 170 mil enlaces de más de 900 dominios distintos con *anchor texts* que machacaban la lista de palabras clave una y otra vez.

Podemos imaginar el resultado. Caída brutal con las penalizaciones de Google Penguin.

¿Cómo intentaron salir de la crisis?

▼ Bajando el porcentaje de palabras clave exactas, es decir, diversificándolas con variantes y sinónimos.

▼ Enviando a Google desautorizaciones de los enlaces entrantes de dudosa reputación e incluso solicitudes de reconsideración de los mismos.

▼ Haciendo revocaciones manuales en los casos en los que se podía.

¿Cuáles fueron los resultados?

Tras el esfuerzo titánico que imaginas que puede suponer hacer todo ese trabajo con todos esos enlaces dañinos, consiguieron mantenerse, de media, entre las posiciones 5 y 7 de las SERP de Google, habiendo estado en el top 3 previo a las penalizaciones.

¿Qué han hecho después?

Planificar acciones con *bloggers* influyentes del sector, pagándoles en especias, haciendo juegos, sorteando premios, asistiendo y participando en eventos del sector, fomentar publicaciones a través del trato directo, conociéndose y haciendo *networking*. En definitiva, igualmente *linkbuilding* pagado, pero en esta ocasión de forma más elegante, costosa y segura.

EJERCICIO PROPUESTO CAPÍTULO 6

¡Comienza a generar *backlinks* gratuitos!

Puedes utilizar este documento como ayuda para anotar el trabajo:
http://bit.ly/LnkBdSEO

CUESTIONES CAPÍTULO 6

▼ **P1. Selecciona la falsa. Mediante las categorías de Wordpress…**
- Podemos crear categorías padre e hijas.
- Podemos asignar entradas del blog a las categorías.
- Podemos asignar páginas a las categorías.
- Podemos organizar jerárquicamente la información de nuestro sitio.

▼ **P2. Un buen backlink:**
- Debe provenir de un sitio web de relevancia.
- Debe incluir en el *anchor text* la KW que estemos posicionando o una variante.
- En general deben ser diversos, tanto si hablamos de sitios de procedencia como del *anchor text*.
- Todas son correctas.

▼ **P3. Google Penguin:**

- Es un algoritmo de Google que penaliza las malas prácticas en el uso de enlaces.

- Es una herramienta de Google para detectar enlaces de dudosa reputación.

- Tiene los días contados.

- Todas son correctas.

▼ **P4. Podemos conseguir enlaces pagando a:**

- Revistas *online* especializadas.

- Wikipedia.

- *Linkbuilding*.

- Todas son correctas.

▼ **P5. Podemos conseguir enlaces gratis en:**

- Foros.

- Comentarios de blogs.

- Redes sociales.

- Todas son correctas.

7
BÚSQUEDA LOCAL Y SEO MÓVIL

7.1 SERVICIOS IMPRESCINDIBLES DE GOOGLE PARA NEGOCIOS LOCALES

Con el boom de los dispositivos móviles y la geolocalización, podemos localizar exactamente lo que queramos y cuando queramos, ya sea buscando por una temática o cualidad en concreto, o bien simplemente por cercanía.

En cuestión de minutos podemos tener una idea clara de las posibilidades que tenemos, ya que también podemos leer comentarios y experiencias de otros que han estado allí previamente y decidieron compartirlo en servicios como TripAdvisor o Booking, por ejemplo. El caso es que las reseñas de los demás nos aportan mucho valor, y más si tenemos la oportunidad de comparar y leer diversas opiniones.

Pues desde algún tiempo, Google ha decidido estar presente en esto de las opiniones, y como siempre, debido a la gran cantidad de servicios asociados, esto supone un gran valor añadido para los que usamos estos servicios, ya que, por ejemplo, a través de Google Maps podemos obtener reseñas de los sitios que tenemos a nuestro alrededor. ¿Y quién no utiliza Google Maps para buscar lo que necesita cerca de dónde está?

Por lo que, si tienes un negocio local, deberías plantearte seriamente el estar presente en Google My Business, aparecer en Google Maps y saber y tomar el control de lo que se está hablando a cerca de ti. Ten en cuenta que las reseñas negativas pueden dañar seriamente tu reputación. Si no las controlamos, podemos estar perdiendo clientes sin saber por qué.

Figura 7.1. Portada de Google My Business

Acceder a Google My Business simplemente buscándolo en cualquier buscador e inicia sesión con una cuenta de Google.

Si no tienes ninguna página creada previamente, un asistente te guiará para rellenar los datos de tu negocio. Necesitarás:

▼ Una imagen de perfil o logotipo.

▼ Una imagen grande para el fondo de la cabecera (similar a la una página de fans en Facebook, pero más ancha).

▼ Descripción y sector de tu negocio.

▼ Enlaces a página web y demás redes sociales.

▼ Horarios de apertura.

▼ La dirección física.

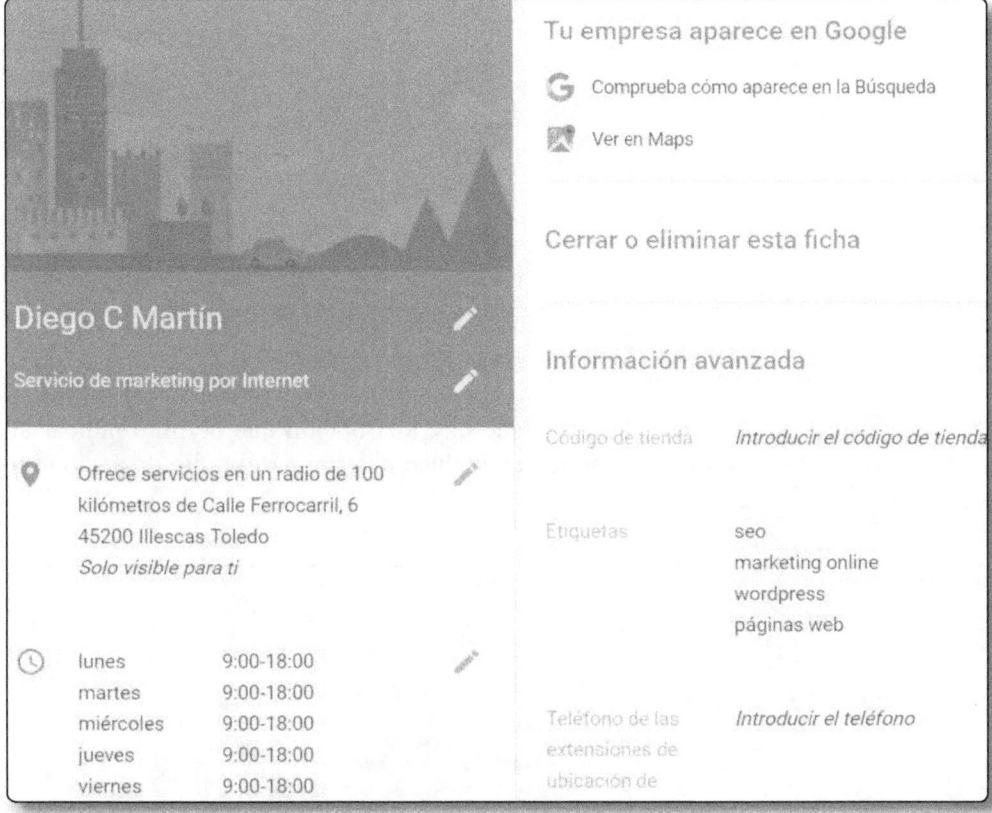

Figura 7.2. Editar ubicación en My business

Es importante rellanarlo todo bien y no lleva demasiado tiempo, solo hay que tener la información indicada preparada para evitar sorpresas.

Durante el proceso, a la hora de introducir la dirección, deberás determinarla en una pantalla similar a Google Maps. Asegúrate que es correcta y entonces recibirás en esa dirección una carta con un código que tendrás que validar para terminar la operación. Una vez hagamos eso, la empresa aparecerá en los mapas.

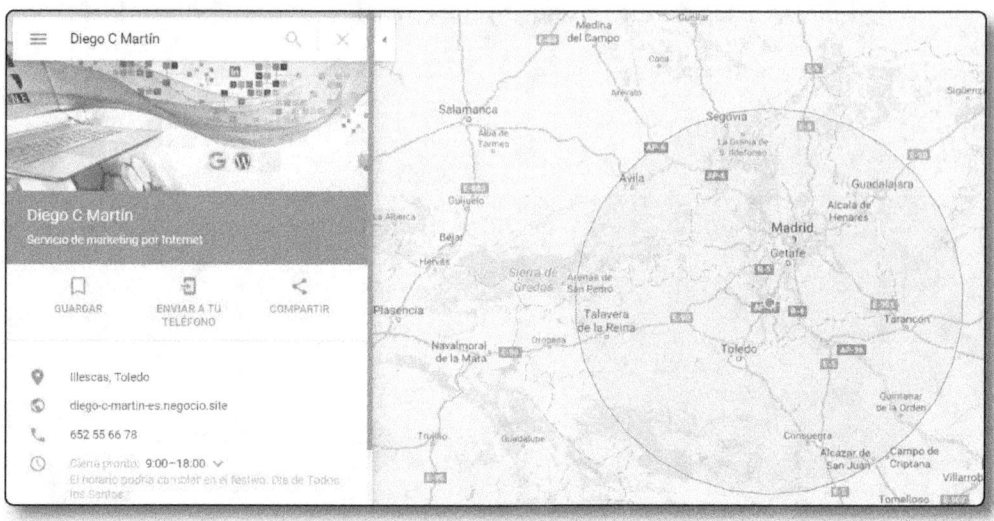

Figura 7.3. Vista de ubicación en Google Maps

Es interesante tener en cuenta que hay una opción que permite indicar si realizamos envíos a domicilio y podemos incluso determinar el radio de acción en kilómetros.

Figura 7.4. Ubicaciones en My business

Una vez terminado, si accedemos a La página principal de Google My Business veremos todas las ubicaciones que gestionamos desde esa cuenta.

Podemos gestionar múltiples ubicaciones desde una cuenta, y a su vez, una ficha de empresa puede ser gestionada por múltiples administradores.

Si tenemos varios locales o puntos de venta podemos agregarlos. Deberemos repetir el mismo proceso mencionado anteriormente, activación de código incluida. Lo interesante de esto es que podemos entablar conversación de forma específica con cada zona, incluyendo distintas imágenes. El trabajo se multiplica, pero la efectividad de nuestro mensaje también.

En este artículo, en el que además encontrarás un vídeo, te explico de forma más detallada todo este proceso:

Google My business, qué es y cómo usarlo

7.2 OTROS SERVICIOS DE GEO POSICIONAMIENTO

Figura 7.5. Playing 'Risk' por Tambako The Jaguar

Los más conocidos son TripAdvisor, Booking, Foursquare y Yelp, pero hay muchos servicios de geoposicionamiento y debemos estar en aquellos en los que estén nuestros clientes. Ni más ni menos.

Cualquier aplicación que permita al usuario interactuar de alguna forma cuando se encuentra en un lugar específico, podríamos decir que es un servicio geo localizado. Los servicios de este tipo, por un lado, nos ayudan a posicionarnos en los buscadores de forma local, y por otro, nos permiten dar nuestra marca a conocer y saber qué opinan nuestros usuarios sobre nosotros, además de permitirnos transmitir trasparencia, seguridad y buen hacer.

7.2.1 ¿Cómo afectan al SEO?

Todos los servicios de este tipo implican contenido autogenerado en gran cantidad, con lo que suelen estar bien posicionados, lo que hará que nuestra marca quede posicionada también, tanto dentro de la herramienta, como en el propio buscador de Google. Además, si hablamos específicamente de Google, las búsquedas localizadas tienen especial valor porque sus resultados aparecen en la parte superior de la página de forma destacada y por encima de los resultados orgánicos.

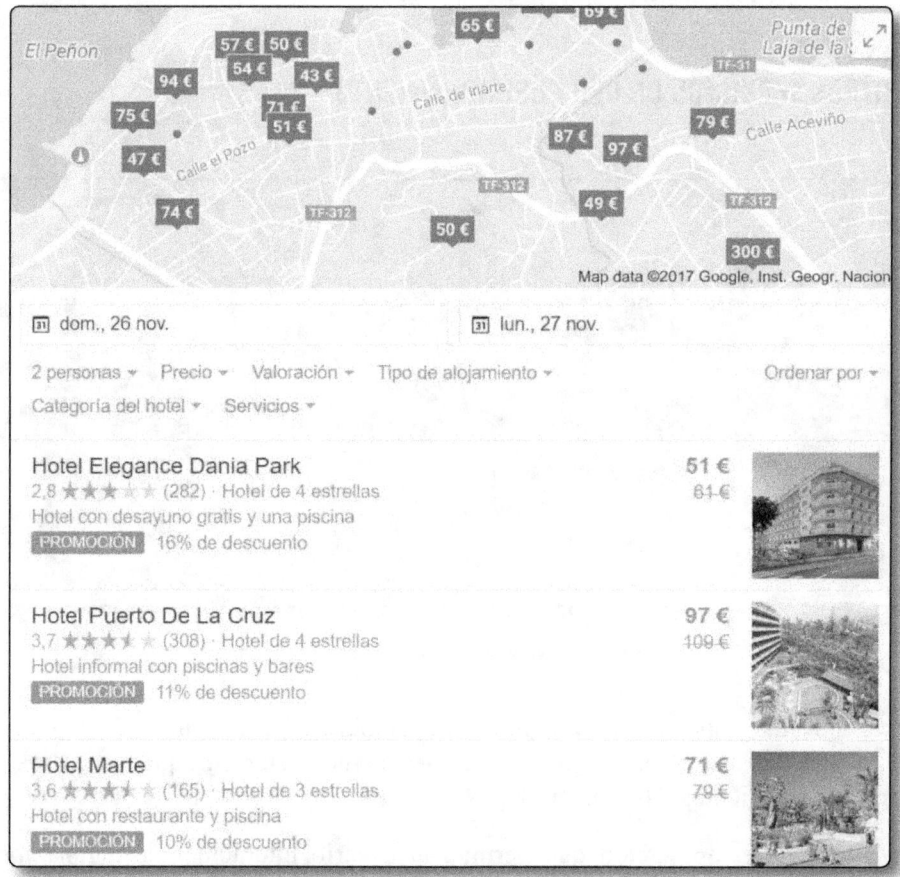

Figura 7.6. Resultados geo localizados en la búsqueda normal de Google por hotel Tenerife

También, disponer de perfiles en diversas redes de este tipo nos ayudan conseguir copar completamente las primeras páginas de resultados exclusivamente con nuestra marca. Prueba a buscar *Diego C Martin* y verás de lo que hablo.

7.2.2 ¿Cómo logramos aparecer en los resultados geo localizados en una búsqueda normal en Google?

Por supuesto, el posicionamiento que tengan la marca y el dominio en Google van a jugar un papel importante aquí, pero también y mucho, lo completo que tengas el perfil en Google y lo que participes en Google +, el número de reseñas y de votaciones que tenga tu ficha y la puntuación media de estas.

Desde hace poco también se puede publicar en cada una de las ubicaciones de *My business*. Esta funcionalidad es nueva y aún no sabemos lo que posiciona, pero lo bueno es que podemos ver estadísticas detalladas de visitas a estos perfiles, sus imágenes y la página gratuita que podemos también configurar. Si te pasaste por el artículo que te recomendé de mi blog, *Google My business, qué es y cómo usarlo*, sabrás de lo hablo.

El perfil y la participación depende exclusivamente de nosotros, no hay más que ponerse a rellenarlo y a publicar, pero las reseñas no, por ello, a continuación, nos vamos a centrar en estas reseñas.

7.3 RESEÑAS, OPINIONES Y FEEDBACKS

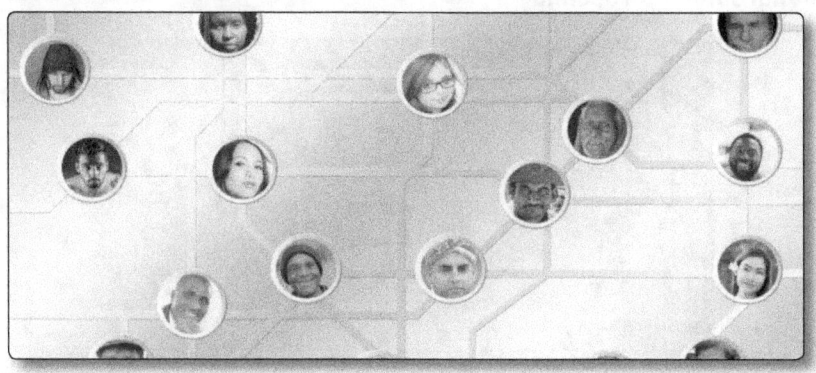

Es todo lo mismo, esas opiniones que nuestros clientes se toman la molestia de escribir tras probar nuestros productos o servicios. Son todas importantes, pero son especialmente importantes las negativas. Primero porque nos ayudan a detectar dónde lo podemos hacer mejor, y segundo porque mientras no las moderemos, nos están haciendo mucho daño. Por tanto, una cosa clara es que las reseñas requieren inmediatez en su moderación, especialmente las negativas.

Una reflexión, ¿has adquirido alguna vez productos que provengan de Estados Unidos? Yo sí, y te puedo decir que siempre me recuerdan insistentemente que les deje una reseña una vez saben que he recogido el artículo que compré.

EJEMPLO

En otra ocasión dejé una valoración negativa porque no recibí el artículo dentro del plazo estimado. Lo hice porque ese último día de plazo recibí un mensaje por parte de la plataforma en cuestión pidiéndome que valorara el producto.

Acto seguido a mi valoración, recibí un mensaje del proveedor preguntándome que qué había ocurrido para que pusiera esa valoración. Les conté y me dijeron que fuera un poco paciente que a veces se retrasaban.

Así fue, efectivamente llegó un día más tarde. Tampoco tuve que esperar demasiado hasta ver un nuevo correo por parte del proveedor solicitándome que, si el producto estaba bien, que por favor convirtiera mi valoración. Me demoré un poco porque estaba ocupado y me volvieron a enviar un segundo recordatorio, en unas 24 horas. Finalmente transformé mi valoración en una positiva y ellos me lo agradecieron.

....

Cuento esta historia para que nos demos cuenta de la importancia que dan los norteamericanos, los inventores de todo esto al fin y al cabo, a las valoraciones.

7.3.1 Moderación de reseñas

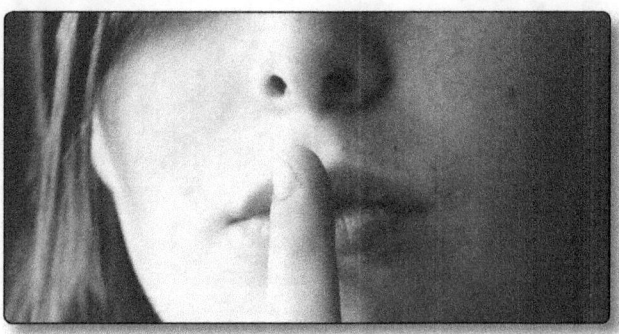

Los portales de este tipo, en los que los usuarios pueden dejar sus comentarios, generalmente permiten la moderación de los mismos por parte de la empresa.

Moderación no quiere decir que los podamos gestionar a nuestro antojo y los podamos por ejemplo eliminar si no nos gustan. De hecho, eliminar reseñas suele ser muy difícil, normalmente hay que hacer una solicitud, explicar muy bien por qué queremos que se elimine, y solo si tenemos razón de forma probada y efectivamente la reseña atenta contras las normas de uso de la plataforma, nos la quitarán.

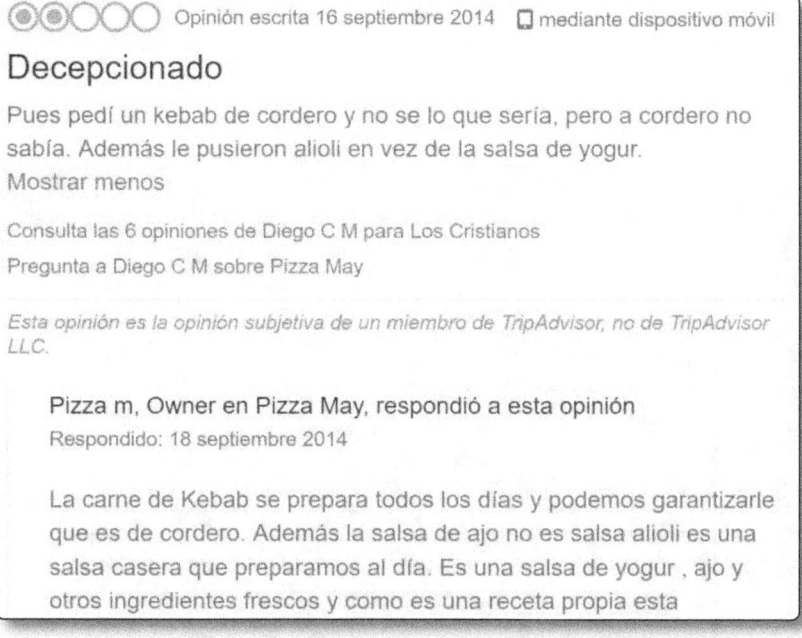

Figura 7.7. Ejemplo de mala gestión de una reseña en TripAdvisor

Evidentemente y como se puede intuir, esto es un proceso que puede llevar varios días, como poco, y es mejor no tener que utilizar.

La moderación de reseñas consiste simplemente en contestarlas en tiempo y forma.

Consejos:

▶ En cuanto al tiempo, lo antes posible.

▶ Nunca ponerse a la defensiva.

▼ Aprovechar cualquier ocasión para indicar las novedades y puntos fuertes siempre es aconsejable.

> CovaRica, Propietario en Maitia, respondió a esta opinión
> Respondido: 16 octubre 2016
>
> Muchas gracias por escribir en Tripadvisor sobre Maitia.
> En nuestra web (http://www.restaurantemaitia.com/es/carta) y en otras plataformas que redirigen a la web de Maitia les comenta con claridad el precio de la carta de Maitia, junto con nuestro estilo y formato. Desde su fundación -año 2011-, la carta tiene un precio cerrado, no fraccionable, lo que quiere decir, que, si quieren compartir un plato, se cobra la mismo por persona. Con toda la información, usted decide el venir o no a Maitia.
> Cuando se fue a su mesa a explicarle la carta y al ver que Ustedes no conocían el funcionamiento nuestro, se les dejó claro cuál era. No entiendo que, en lugar de comentárnoslo, lo escriba con tanto afán ya que a nadie beneficia y, tanto daño puede hacer.
> Me alegro que les gustase la comida y disfrutaran del resto de su estancia en Maitia.
> Nosotros estaremos encantados de volver a recibirles.
> Cordialmente, Covadonga de la Rica
>
> P.S.
> "Creo que siempre habrá de todo. Lugares para comer rápido y sin expectativas. Y otros lugares, más especiales, que repartan la belleza y esa tradición del saber hacer, del saber comportarse y del saber estar que pienso son la clave de esa tradición." (Jaume Subiros, Chef Motel Empordà)

Figura 7.8. Ejemplo de una reseña bien gestionada en TripAdvisor en respuesta a una reseña que habla de que se sintieron estafados por no conocer la política de precio cerrado e indicar que no tenían mucha hambre

▼ Utilizar alguna nota personal original nos ayudará a destacar entre la multitud.

▼ Crea plantillas de mensajes tipo, con un saludo inicial y una firma al final para que el usuario sepa quién le contesta.

▼ Si la reseña del usuario es positiva, conviene repetir las cosas que menciona para reforzar y además incluir algo relacionado. No solo para aprovechar e indicar novedades como decíamos antes, sino para que el usuario note que hemos leído su opinión y que la tenemos en cuenta.

▼ Idealmente debemos contestar todas las reseñas.

▼ Como último consejo, no premies públicamente a usuarios que se quejan. Hay muchos que lo hacen por norma para conseguir favores a cambio.

7.3.2 Generación de reseñas

Las reseñas son muy importantes, generalmente, cuantas más tengamos más ventas conseguiremos. Esto ocurre de manera clara cuando compramos en *Amazon* o *Ebay*. Si encontramos dos productos iguales, seguro que escogeremos el que más y mejores reseñas tiene. Lo mismo ocurre en el resto de plataformas de este tipo. Ya hemos visto que Google posiciona mejor a aquellos que más reseñas tienen.

Para conseguir más reseñas debemos pedirlas. Las pediremos a todos los clientes que sepamos que han pasado una agradable experiencia con nosotros o nuestros productos.

Podemos pedirlas por ejemplo en un email que enviemos tras el proceso de venta y mediante el truco que indico a continuación obtenemos el enlace para colocar en un bonito botón y enviar al usuario la página de reseñas de nuestro negocio, ya abierta y preparada, directamente para que nada más que tenga que escribir sin tener que buscar la propiedad previamente en Google.

Procedimiento:

Ve a *Google Places API*.

Indica la información de tu empresa en el campo "Introducir una ubicación" en la parte superior del mapa.

Haz clic en el nombre de tu empresa en la lista que aparece.

El ID de sitio se mostrará en el mapa, debajo del nombre de la empresa.

Figura 7.9. Código Google MAPS

Añade el ID de sitio a la siguiente URL para crear el enlace:
https://search.google.com/local/writereview?placeid=<id_de_sitio>

En el ejemplo anterior, la URL con el ID de sitio añadido sería la siguiente:
https://search.google.com/local/writereview?placeid=ChIJj0hqcCDxQQ0R4sMscq3Cw6E

7.4 SEO Y LOS DISPOSITIVOS MÓVILES

Hace poco ocurrió un hecho que se venía venir, pero que significó un hito en este mundillo. El total de visitas procedentes de dispositivos móviles superaron a las de escritorio.

Desde la salida de los *Smartphones*, la tasa de visitas no ha dejado de incrementarse en detrimento de la de escritorio y recientemente la superó. No es igual en todos sectores, pero podemos decir que ya no tiene sentido hablar de webs o de SEO sin incluir o tener en cuenta este sector, que ya es mayoritario y dentro de poco será e dominante.

Habrás observado también que los resultados de búsqueda en dispositivos móviles no son iguales. Son más simples, solo tienen una columna y aparecen menos resultados.

Además, estos resultados no son los mismos y es más probable que vengan determinados de manera geo localizada debido a que el dispositivo tiene una idea certera de dónde te encuentras y a que cuando buscamos en un terminal móvil, la mayoría de las veces es porque estamos en movimiento o nos dirigimos a algún lugar.

Todo esto lo sabe y lo tiene en cuenta el buscador para mostrarte unos resultados más ajustados.

Por otro lado, **las páginas web deben estar preparadas para cargar de forma rápida** en estos dispositivos e idealmente no tener muchos elementos visuales en la parte superior de la cabecera, para que el usuario pueda encontrar el contenido deseado lo antes posible.

Las páginas web de hoy en día se adaptan al ancho de las pantallas, mostrando todos los elementos en una sola columna, más bien estrecha, si se trata de un *Smartphone*.

El hecho de que la pantalla se adapte adecuadamente y ofrezca una experiencia correcta de usuario en la que este pueda navegar y hacer clic fácilmente en cualquiera de los elementos es lo que llamamos diseño *responsive* o adaptable, y cada vez está más valorado por parte de los mismos buscadores el hecho de solicitarnos, a los diseñadores de páginas web, que estas se adapten perfectamente a todas estas premisas.

En esta página, Google nos permite hacer un test para valorar si nuestras páginas se adaptan adecuadamente y son amigables para dispositivos móviles:

https://search.google.com/test/mobile-friendly

Además, en la misma herramienta, podemos después enviarles el informe para que lo tengan en cuenta. Esto de enviarla será especialmente útil si anteriormente nuestra página no pasaba el test y ahora tenemos una nueva versión más amigable.

En cuanto a los contenidos, configuración de metas y el resto de configuraciones y consideraciones, es exactamente igual trabajar para móviles que para escritorio y tiene valor todo lo que hemos visto hasta ahora, simplemente que aquí cobra mayor importancia lo que hablábamos de tener bien comprimidas y optimizadas las imágenes.

Por otro lado, una página de contacto adecuada es muy importante. Se debe indicar de forma clara la dirección y asegurarte de que, buscándola tal como aparece, esta pueda ser ubicada en los mapas de forma directa.

También, un formato correcto de los teléfonos es importante, ya que el usuario de un dispositivo móvil puede llamar directamente si están bien configurados. Es importante poner los prefijos correctamente, por ejemplo.

También hay tecnologías que nos permiten mostrar distintos contenidos en una página en función de la ubicación o procedencia del usuario. Estas funcionalidades hasta hace poco han estado reservadas a las grandes empresas que pueden invertir dinero en desarrolladores, pero ya comenzamos a ver aplicaciones y servicios relativamente asequibles que nos permiten acceder a estas tecnologías. Una de las empresas más grandes y conocidas que hacen esto es *HubSpot*.

EJERCICIO PROPUESTO CAPÍTULO 7

Actualiza o crea el perfil de tu proyecto en Google + y Google My Businees. Asegúrate de que aparece correctamente en Google Maps y supera el proceso de validación.

Después genera un enlace a las reseñas de tu negocio e identifica ideas y estrategias para hacer llegar este enlace a tus clientes.

CUESTIONES CAPÍTULO 7

▼ **P1. Ejemplos de servicios de visibilidad *online* para empresas locales son:**
- TripAdvisor y Booking.
- Google My Business.
- Foursquare y Yelp.
- Todas son correctas.

▼ **P2. Google My Business:**
- Sirve para aparecer en Google Maps.
- Sirve para poder gestionar las reseñas que los usuarios hacen en Google e indicar la ubicación de tu negocio en los mapas de manera certera.

- Sirve para publicar vídeos de tu negocio en Internet.
- Todas son correctas.

▶ **P3. Las reseñas:**
- Hay que gestionarlas y contestarlas lo antes posible.
- Son de vital importancia para tu marca y una oportunidad de acercamiento y transparencia hacia el usuario.
- Sirven para mejorar.
- Todas son correctas.

▶ **P4. Podemos conseguir un enlace directo a las reseñas de Google para que nuestros clientes puedan contar su experiencia de forma fácil:**
- Verdadero.
- Falso.

▶ **P5. En los dispositivos móviles:**
- La velocidad de carga es muy importante.
- Las páginas web deben adaptarse para facilitar la navegación y legibilidad en todo tipo de pantallas.
- De media, a nivel global, el número de visitas a páginas web han superado ya a las de escritorio.
- Todas son correctas.

8

AÚN MÁS HERRAMIENTAS

8.1 LAS INDISPENSABLES DE GOOGLE

8.1.1 Google Analytics

Google Analytics es la herramienta por excelencia de analítica web. La usamos todos porque es la más completa de las gratuitas y, las que no son gratuitas, suelen estar enfocadas a grandes empresas y son muy costosas. Por ese motivo Google Analytics es la más extendida con gran diferencia, aunque hay otras. Por ejemplo, el propio Wordpress mediante su *plugin JetPack* nos permite ver también analíticas de nuestro sitio web hecho en Wordpress de forma muy simplificada. Pero nos vamos a centrar en Google Analytics y vamos a detenernos a mirar los apartados más relevantes.

8.1.1.1 AUDIENCIA

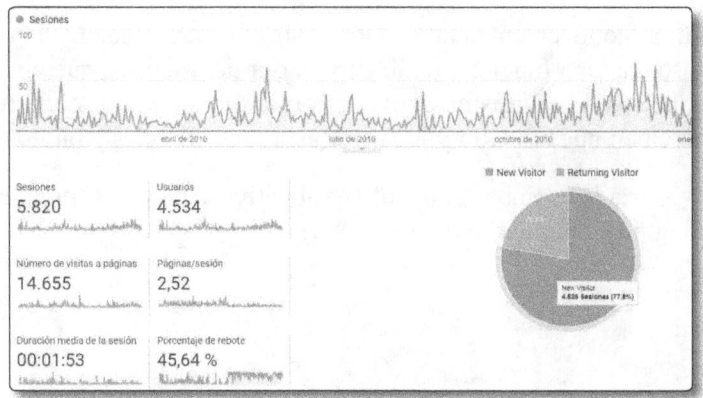

Figura 8.1. Audiencia G Analytics

La vista anterior corresponde a la parte superior del informe de audiencia, probablemente el más conocido. Como veíamos anteriormente, aquí podemos ver información sobre número de visitas, usuarios, sesiones, tiempo medio de la visita, número de páginas por sesión, porcentaje de rebote y visitantes nuevos dentro de un período de tiempo determinado.

En esta imagen se ve un período de un año completo y se puede observar cómo la progresión es positiva en una página en la que se aplican técnicas SEO de manera muy pasiva.

Como ya hemos visto en capítulos anteriores, si bajamos un poco en la misma página podemos ver datos adicionales como lugares de procedencia de las visitas y navegadores o sistemas operativos que los usuarios utilizan.

Datos demográficos	Idioma	Sesiones	% Sesiones
Idioma	1. es	747	52,98 %
País	2. es-es	259	18,37 %
Ciudad	3. es-419	197	13,97 %
Sistema	4. en-us	87	6,17 %
Navegador	5. en-gb	34	2,41 %
Sistema operativo	6. es-mx	25	1,77 %

Figura 8.2. PArte inferior del informe de audiencia

El resto de apartados de la sección de audiencia, son interesantes de cara al marketing porque podemos averiguar más sobre los usuarios que visitan el sitio web.

Podemos conocer en detalle datos sobre el sexo, edad, dispositivos que utilizan, incluso hay una funcionalidad, explorador de usuarios, que nos permite ver las reiteradas visitas de un mismo usuario, con lo que podemos comprender mejor cómo ellos perciben nuestro sitio y localizar así puntos débiles y puntos fuertes.

Estos apartados son bastante auto explicativos, así que simplemente navega por ellos y pregunta cualquier duda que te surja.

8.1.1.2 TIEMPO REAL

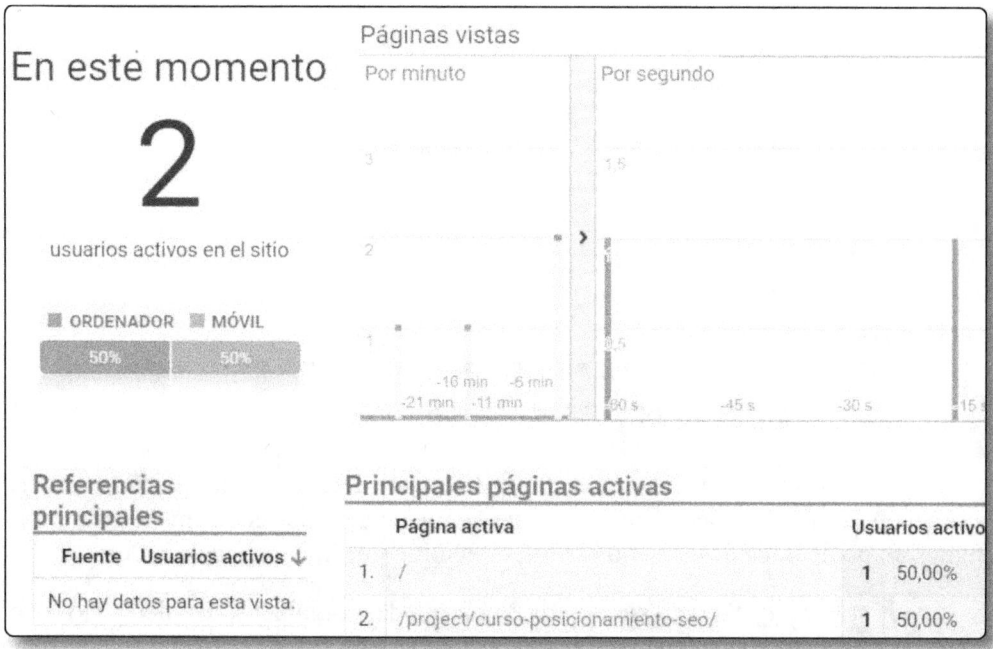

Figura 8.3. Tiempo real G Analytics

El informe en tiempo real nos permite ver los usuarios que están visitando la página en el momento presente. Como se puede observar, distingue los usuarios que acceden desde escritorio, móvil y tableta si fuera el caso.

También se pueden ver las páginas que están viendo esos usuarios y más abajo se muestra un mapa en el que se indica la ubicación aproximada de los visitantes.

Este informe también es útil para comprobar si el código de seguimiento para que todo esto funcione está correctamente configurado en nuestra web, ya que podemos identificar nuestra propia visita.

8.1.1.3 ADQUISICIÓN

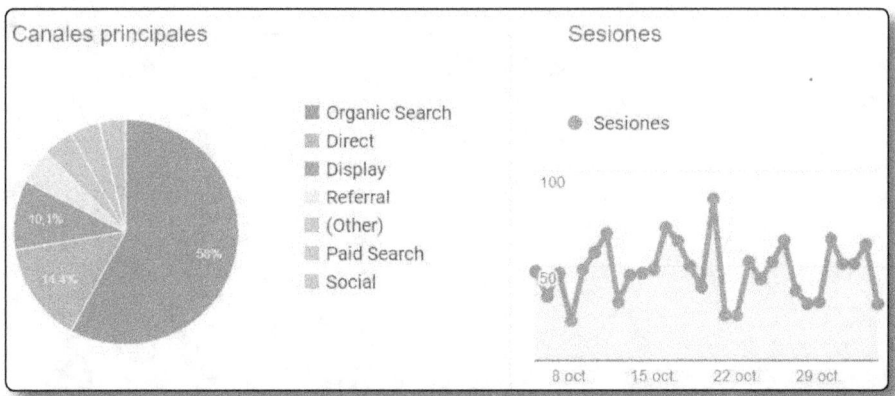

Figura 8.4. Adquisición G Analytics

El informe de adquisición nos muestra en detalles la procedencia de las visitas, en la visión general, que es la que se puede apreciar en la imagen anterior, vemos cómo aparece desglosado el tráfico recibido por los distintos canales:

- ▼ *Organic Search* se refiere a búsquedas orgánicas, es decir, lo que obtenemos mediante muestro trabajo y dedicación en SEO.

- ▼ *Direct* seria tráfico directo, es decir, usuarios que acceden directamente al sitio web, porque lo tienen por ejemplo en los favoritos del navegador o porque ya lo han visitado previamente y les aparece el autocompletar del navegador, por ejemplo. Como tráfico directo también aparecen las visitas que *Analytics* no es capaz de catalogar, como las que proceden de un correo electrónico o Whatsapp, por ejemplo.

		53 % del total: 3,76 % (1.410)	50,94 % Media de la vista: 79,36 % (-35,81 %)	27 % del total: 2,41 % (1.119)	64,15 % Media de la vista: 85,04 % (-24,56 %)
1.	LinkedIn	29 (54,72 %)	17,24 %	5 (18,52 %)	51,72 %
2.	Facebook	17 (32,08 %)	100,00 %	17 (62,96 %)	88,24 %
3.	Twitter	5 (9,43 %)	60,00 %	3 (11,11 %)	60,00 %
4.	Blogger	1 (1,89 %)	100,00 %	1 (3,70 %)	100,00 %
5.	YouTube	1 (1,89 %)	100,00 %	1 (3,70 %)	0,00 %

Figura 8.5. Analytics, detalle de adquisición por redes sociales

- *Social* es el tráfico proveniente de redes sociales. Si hacemos clic sobre cualquiera de ellos podemos ver más detalles, concretamente en este, podemos ver exactamente qué visitas provienen de cada una de las redes sociales que utilicemos.
- *Other* son otros canales que Google no categoriza dentro de los demás. En mi caso, lo que encuentro aquí son las visitas provenientes de una aplicación que utilizo para compartir contenido en redes sociales, que como usa su propio acortador de enlaces, me aparece aquí en un canal diferenciado.
- Por último, *referral*. Estas son las visitas que vienen referenciadas desde otros sitios web. Es decir, que aquí podemos ver el comportamiento de las visitas que provienen del trabajo que hacemos en *linkbuilding*. Es muy importante ya que podemos así valorar lo rentable que nos está saliendo el esfuerzo empleado para ello.

Si accedemos a los detalles podemos ver la página de destino de esas visitas y todos los datos que veíamos en el apartado de audiencia. Duración media de cada una de las visitas, rebotes, etc.

Además, también podemos ver los datos de las visitas que han conseguido algún objetivo. Los objetivos los podemos configurar. Lo vemos en apartados sucesivos.

Hay dos secciones más especialmente interesantes dentro de este apartado de adquisición:

El informe de consultas de los usuarios

Este informe nos muestra las consultas que hacen los usuarios en Google antes de llegar a nuestro sitio. Evidentemente es muy útil para SEO ya que nos permite descubrir términos de búsqueda y conocer mejor a nuestros usuarios.

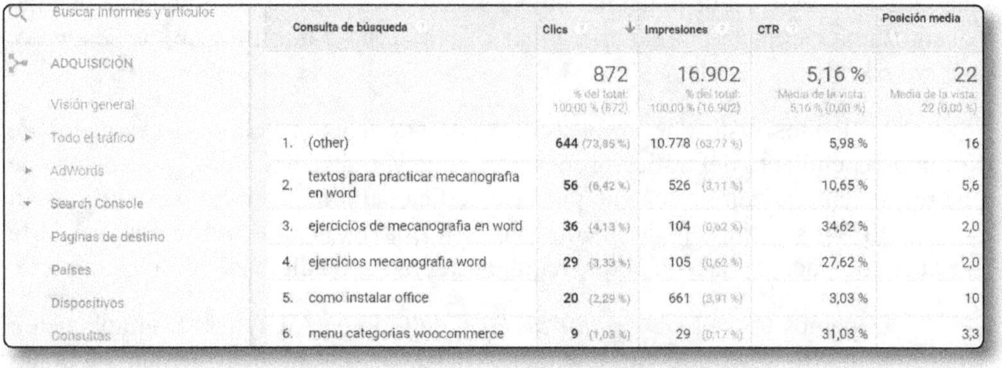

	Consulta de búsqueda	Clics	Impresiones	CTR	Posición media
		872 % del total: 100,00 % (872)	16.902 % del total: 100,00 % (16.902)	5,16 % Media de la vista: 5,16 % (0,00 %)	22 Media de la vista: 22 (0,00 %)
1.	(other)	644 (73,85 %)	10.778 (63,77 %)	5,98 %	16
2.	textos para practicar mecanografia en word	56 (6,42 %)	526 (3,11 %)	10,65 %	5,6
3.	ejercicios de mecanografia en word	36 (4,13 %)	104 (0,62 %)	34,62 %	2,0
4.	ejercicios mecanografia word	29 (3,33 %)	105 (0,62 %)	27,62 %	2,0
5.	como instalar office	20 (2,29 %)	661 (3,91 %)	3,03 %	10
6.	menu categorias woocommerce	9 (1,03 %)	29 (0,17 %)	31,03 %	3,3

Figura 8.6. Adquisición - consultas G Analytics

Para acceder a este informe nos dirigimos a Adquisición → Search Console → Consultas.

Para poder ver datos aquí es necesario conectar Google Analytics con Google Search Console, que es la herramienta que veremos en el apartado siguiente.

Como se puede observar en la imagen anterior, la primera línea del informe y precisamente la que más visitas trae con gran diferencia indica en el término *Other*. Esto quiere decir que, en estos casos, Google no nos puede proporcionar esta información debido a cuestiones de privacidad. Afortunadamente hay herramientas que nos permiten acceder a esta información. Suelen ser suites completas para SEO como las que veremos más adelante.

Las campañas

		203 % del total: 14,40 % (1.410)	49,75 % Media de la vista: 79,36 % (-37,31 %)	101 % del total: 9,03 % (1.119)
1.	remarketing	118 (58,13 %)	14,41 %	17 (16,83 %)
2.	Prelanzamento libro SEO	82 (40,39 %)	98,78 %	81 (80,20 %)
3.	video intro curso	3 (1,48 %)	100,00 %	3 (2,97 %)

Figura 8.7. Adquisición --> Campañas

En la última opción dentro de la sección de adquisición vemos un apartado que es *Campañas*. Aquí podemos enviar nosotros información específica cuando hacemos una campaña publicitaria en un sitio externo a nuestra web, por ejemplo, una red social.

Ya hemos visto que en el informe de adquisición podemos ver dados de forma independiente del tráfico procedente de cada red social. Pero, ¿y si dentro de una red social realizamos una campaña específica para un producto o invertimos en publicidad? Nos gustaría poder medir esto de forma independiente y a través de este apartado lo podemos hacer, aunque requiere interacción adicional por nuestra parte.

Debemos usar el *Generador de URL* de Google Analytics. Esta aplicación es un formulario en el que introducimos la URL de destino que fuéramos a poner en la campaña en cuestión y algunos datos identificativos más como el nombre la campaña, etc.

La herramienta nos genera un nuevo enlace que es el que debemos usar en el anuncio o campaña y automáticamente veremos los resultados en este apartado de Campañas de Google Analytics, tal como se ve en el ejemplo de la imagen anterior. En ella podemos ver que en el período seleccionado hay tres campañas, que en este caso provienen de Google Adwords, aunque de tipos distintos. Una de *remarketing*, otra de anuncio de texto normal y otra de promocionar un vídeo de YouTube.

8.1.1.4 COMPORTAMIENTO

En este apartado podemos ver datos sobre lo que hacen los usuarios una vez están dentro de nuestras páginas. Entre qué páginas se mueven, en qué páginas entran y en cuáles salen. Es especialmente útil si en nuestro sitio web hay algún proceso de compra, para detectar dónde falla este.

Esto lo podemos ver en Comportamiento → Contenido del sitio → Páginas de destino y Páginas de salida.

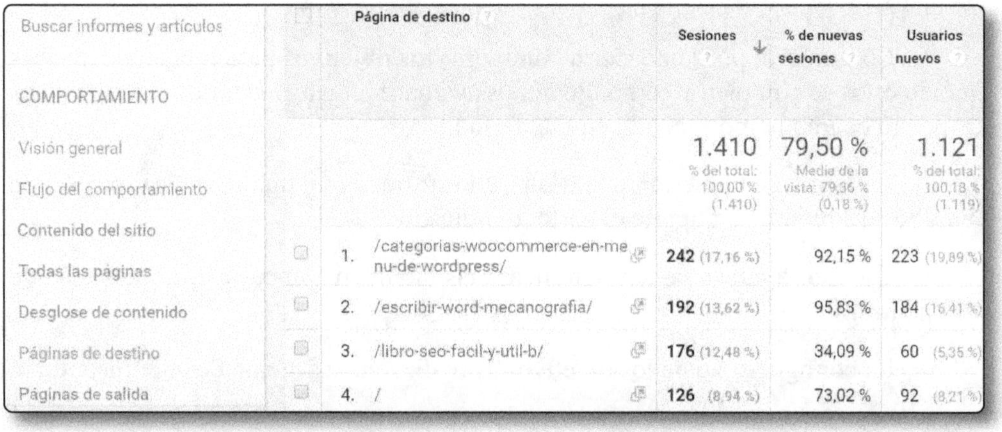

Figura 8.8. Comportamiento - Páginas de destino G Analytics

En la imagen anterior se puede observar cómo, durante este último mes, mi artículo sobre menús de categorías en *Woocommerce*, entre otros, han generado más visitas que la propia página de inicio, que aparece en cuarta posición.

En este apartado de comportamiento se pueden hacer otras cosas útiles como ver y medir los tiempos de carga de las páginas.

8.1.1.5 CONVERSIONES

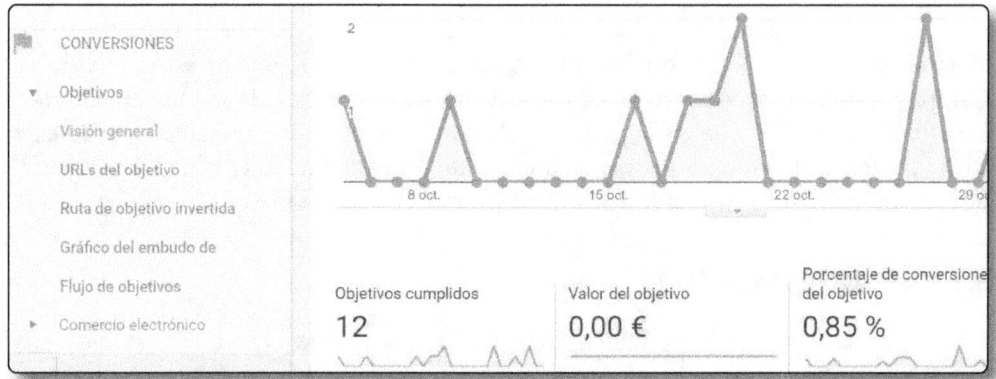

Figura 8.9. Analytics, conversiones

En este apartado podemos configurar objetivos para poder medir las conversiones. Ya decíamos al principio que consideramos conversión a cuando un usuario hace en tu web lo que pretendes que haga, por ejemplo, en una tienda virtual, el objetivo será vender.

Lo primero, por tanto, sería configurar los objetivos para luego poder saber cuándo estos se cumplen y cómo. Podemos asignar incluso el valor de la venta y nos aparecerá cuanto hemos ganado en ese período.

En la imagen anterior se muestra un informe en el que se indica que se han cumplido 12 objetivos durante el período indicado.

Esto nos ayuda a poder identificar más fácilmente el coste de adquisición de los clientes.

La configuración de los objetivos se realiza en la sección de administración.

8.1.2 Google Search Console

Google Search Console, también conocida como Google Webmaster Tools por ser este su nombre antiguo, es una herramienta que nos permite conocer lo que Google sabe de nuestro sitio y optimizar algunas cosas.

Existen herramientas análogas para cada buscador, como Bing Webmaster Tools en el caso del buscador Bing.

Figura 8.10. Search console

Lo primero que debemos tener en cuenta es que debemos configurar todas las variantes de nuestro sitio web. En mi caso, como se ve en la imagen anterior, si *https://www.diegocmartin.com* es la URL que tengo asignada como principal, debo poner también la que es http, sin el certificado de seguridad (sin la 's'), y las mismas, pero sin las www delante. 4 combinaciones en total:

EJEMPLO

https://www.diegocmartin.com

https://diegocmartin.com

http://www.diegocmartin.com

http://diegocmartin.com

Cuando las damos de alta, debemos verificar que somos propietarios del sitio web. Hay varias formas de hacer esto, subiendo un archivo o un trozo de código a nuestra página, por ejemplo. Aunque si tenemos Google Analytics ya configurado, lo verificamos automáticamente.

Una vez configuradas todas, asignamos una como la principal. No te preocupes mucho sobre cómo hay que hacerlo, ellos te envían en email en que te explican todo paso a paso.

Después de eso, comenzaremos a recibir datos importantes en la propiedad principal. Veamos los más relevantes, comenzando desde arriba:

8.1.2.1 APARIENCIA EN EL BUSCADOR

En este apartado podemos verificar si los datos estructurados o *AMP* que utilizamos en nuestro sitio están funcionando adecuadamente o si tienen errores. Veremos *AMP* en el próximo capítulo.

También, en la sección Mejoras de HTML podemos identificar si tenemos títulos o descripciones duplicadas o faltantes.

Metadescripción	páginas
Metadescripciones duplicadas	3
Metadescripciones largas	0
Metadescripciones cortas	2
Etiqueta de título	**páginas**
Etiquetas de título ausentes	0
Etiquetas de título duplicadas	127

Figura 8.11. Mejoras HTML - G Search Console

8.1.2.2 TRÁFICO DE BÚSQUEDA

Analítica de búsqueda: Aquí vemos los términos de búsqueda que emplean los usuarios para los que nuestro sitio web aparece en resultados de búsqueda. Este informe es el que antes hemos mencionado que podemos cruzar con Google Analytics para obtener también la información sobre las visitas. Muy útil para SEO.

Enlaces a tu sitio: Aquí vemos los *backlinks* que apuntan a nuestro sitio. Lo muestra un poco desordenado, pero si no disponemos de una herramienta que nos muestre esto de forma bonita, aquí puedes encontrar la información básica. Más adelante veremos las herramientas *SEMRush* y *SEOQuake*. Ambas se pueden conectar entre sí en sus versiones gratuitas para obtener datos adicionales en este informe como se puede ver en la imagen siguiente:

Con más enlaces a tu sitio	DS	TS	
noda-records.com	1	0	622
micursoonline.com	-	-	575
on-timeshop.com	0	0	493
webinarandcongress.com	2	0	138
kinnitty.com	3	0	127

Figura 8.12. Enlaces entrantes GSC

Las columnas adicionales que aporta *SEOQuake* nos dan información sobre la autoridad de los sitios web que nos enlazan.

Enlaces internos: Aquí aparece de forma bastante caótica cómo Google entiende que tenemos enlazado nuestro sitio a nivel interno. Es poco legible, pero nos permite identificar cuáles son nuestras páginas mejor y peor enlazadas.

Segmentación internacional: Aquí podemos visualizar los idiomas que detecta Google en el código de nuestras páginas. Hay etiquetas que determinan los idiomas de una página y deben estar correctamente configuradas si tenemos un sitio en varios idiomas.

Usabilidad móvil: Nos dice si detecta algún problema en versiones para móvil.

Índice de Google

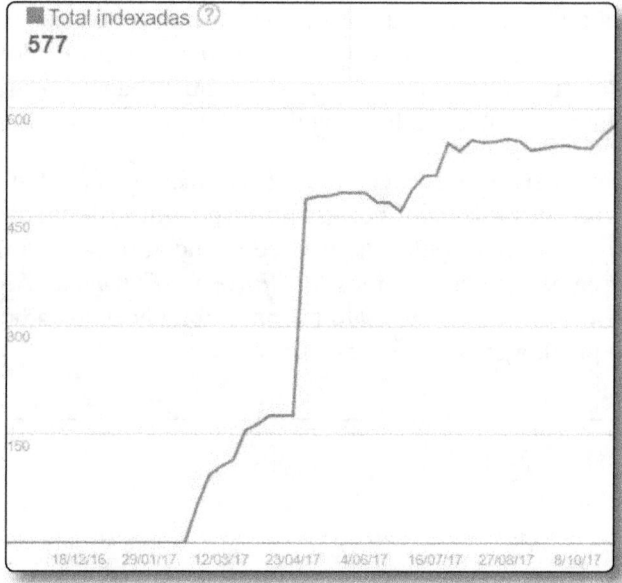

Figura 8.13. G Search Console. Estado de indexación

Estado de indexación: Nos indica el número de páginas que Google tiene indexadas de nuestro sitio. Es útil cuando publicamos nuevo contenido, para saber cuándo Google lo tiene en cuenta.

8.1.2.3 RASTREO

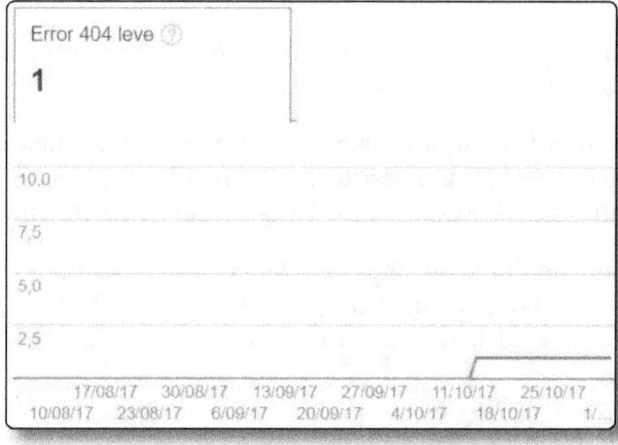

Figura 8.14. G Search Console. Errores de rastreo

Errores de rastreo: Generalmente aquí vamos a encontrar dos tipos de errores, o bien errores 500 o bien errores 404.

Los errores 500 son de código, es decir, que la página no ha estado accesible debido a problemas de servidor o en el código fuente. Para solucionar esta clase de problemas tendríamos que recurrir a expertos.

Los errores 404 son errores de página no encontrada. Cuando despublicamos una página o si le cambiamos la URL, ahora ya no es accesible por cualquiera que tuviera el enlace antiguo, lo que incluye a Google si esa página estaba indexada.

Evidentemente, si hacemos esto, perdemos todo posicionamiento que pudiéramos tener en esa página. No es nada recomendable cambiar las URL, pero si lo hacemos, podemos recurrir a crear redirecciones para enviar al usuario de la URL antigua a la nueva.

Existen dos tipos de redirecciones, las permanentes, que se indican mediante el código 301, y las temporales, que se expresan mediante el código 302.

Para crear una redirección debemos seguir la siguiente nomenclatura:
Redirect 301 /vieja-pagina http://www.example.com/nueva-pagina

Como ves, en la página antigua no hace falta poner el dominio delante, sin embargo, en la de destino sí. Esto es porque la nueva o de destino puede estar en otro dominio diferente y la redirección la ponemos donde se encuentra la página antigua.

Las redirecciones las debemos agregar en un archivo llamado *.htaccess* que se encuentra en el directorio raíz de donde se encuentre instalado tu sitio web.

Con herramientas como *SEO Yoast* en el caso de Wordpress, podemos editarlo directamente desde la administración del sistema.

Si quieres saber más sobre redirecciones te recomiendo visitar este estupendo artículo de Tomás de Teresa: *La Guía Definitiva para Hacer Redirecciones 301 (Generador incluido)*

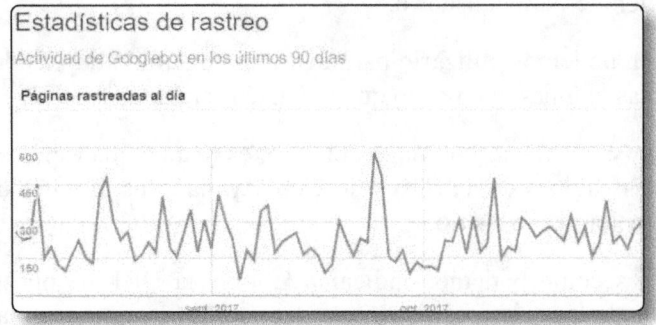

Figura 8.15. Search Console. Estadísticas de rastreo

Estadísticas de rastreo: En este apartado podemos ver lo que hacen las arañas de Google cada vez que nos visitan. Cuando lo hacen, el número de páginas que rastrean y la cantidad de información que descargan. Es interesante mirarlo ya que Google nos visitará más si nuestro sitio web está vivo y es dinámico, es decir, que cuanto más publiquemos de forma constante, mejor.

Cuanto más tiempo pasen las arañas en nuestro sitio, mejor. Quiere decir que le gustamos más.

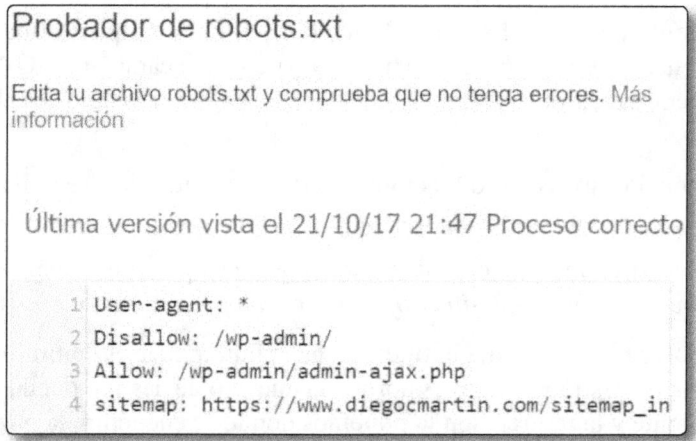

Figura 8.16. Probador de robots

Probador de robots.txt: El archivo robots.txt es un archivo de texto plano que, al igual que el *.htaccess*, se ubica en el directorio raíz de nuestro sitio web. En él se indica a los motores de búsqueda a qué carpetas pueden o no pueden entrar dentro de nuestro sitio.

Por ejemplo, siempre se impide el paso a los robots a carpetas de sistema que carecen de contenido para el usuario.

También podemos utilizarlo para evitar el contenido duplicado, impidiendo el paso a aquellas páginas que por lo que sea estén repetidas.

Sitemaps: El *sitemap* o, mapa del sitio, es una página especial en la que se indican todas las páginas de nuestro sitio web. Ayuda a los motores de búsqueda a que conozcan mejor nuestro sitio.

En esta sección podemos indicar a Google la URL de nuestro *sitemap* y de hecho es una de las primeras cosas que deberíamos hacer nada más publicar un nuevo sitio web si queremos acelerar el proceso de que Google nos indexe.

Una vez que hemos enviado nuestro *sitemap* a Google, posteriormente podemos ver aquí el número de páginas que Google tiene indexadas respecto al total y si hay algún problema con alguna.

Una apreciación a tener en cuenta es que, si habitualmente generamos nuevas páginas en nuestro sitio, el *sitemap* debe actualizarse. Afortunadamente hay aplicaciones que hacen esto de manera automática. Por ejemplo, *Yoast SEO*, asigna una URL a nuestro *sitemap* que en realidad no existe como tal en forma de archivo, sino que se genera en tiempo real cada vez que recibe una petición. De ese modo se sirve siempre actualizado.

Echa un vistazo a mi *sitemap* aquí:

http://www.diegocmartin.com/sitemap_index.xml

8.2 SUITES COMPLETAS PARA EL SEO DE TU WEB

8.2.1 SemRush

Queramos o no, *SemRush* es una de las aplicaciones por excelencia para SEO.

Es fiable, tiene un sinfín de funcionalidades y no dejan de actualizarla constantemente. Digamos que, con esta y poco más, tendríamos suplidas todas o casi todas las necesidades que podamos tener en cuanto a ayuda para hacer SEO.

Además, generan mucho contenido, tutoriales, *webinars* y participan y patrocinan muchos eventos.

Tiene una cosa negativa, y es que es bastante cara. Lo bueno es que con en la versión gratuita podemos hacer bastantes cosas.

8.2.2 SerpStat

Es una suite completa para SEO que, por ser nueva en mercado, tiene precios bastante razonables.

Tanto con esta, como con la anterior, al igual que casi cualquier otra herramienta de este tipo, puedes hacer investigación de palabras clave, análisis y auditoría de páginas y dominios, análisis de *backlinks* y seguimiento del ranking de posiciones. Por el momento no disponen de base de datos para España, pero no creo que tarden en ofrecerla.

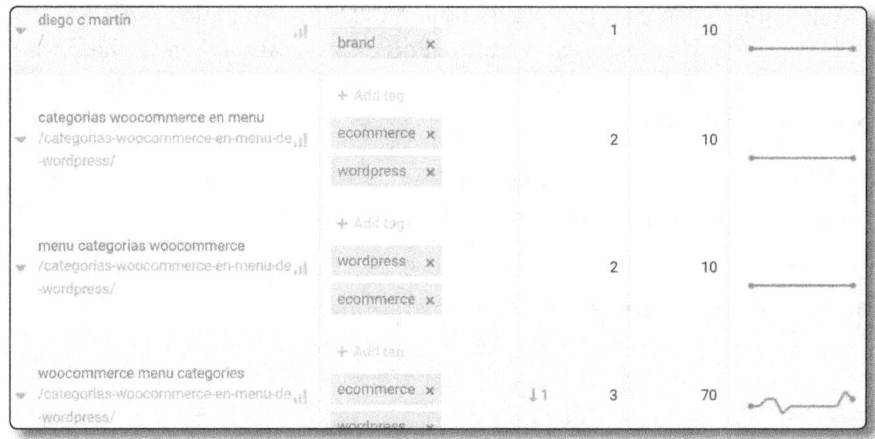

Figura 8.17. Ranking de posiciones en SerpStat

8.3 OTRAS HERRAMIENTAS ESPECÍFICAS QUE TE HARÁN A VIDA MÁS FÁCIL

8.3.1 Yoast SEO

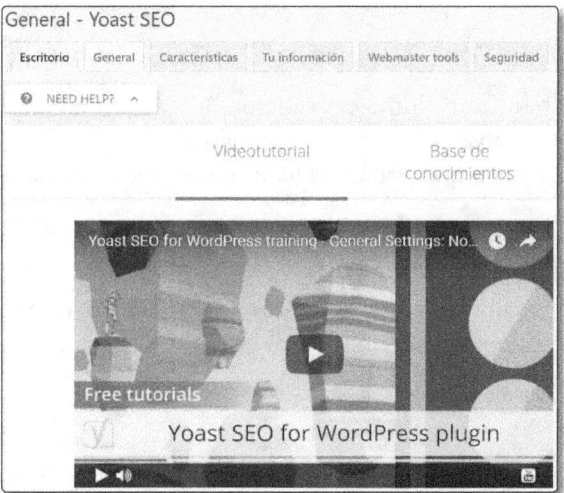

Figura 8.18. Captura de la interfaz principal de SEO Yoast en el panel de administración de Wordpress

El componente para Wordpress del que tanto hemos hablado hasta ahora debido a su popularidad y utilidad. Debes saber que hay otro similares como *All in One SEO,* también para Wordpress y análogos en cualquier otro sistema gestor de contenidos.

Yoast no solo nos ayuda a elaborar nuestros textos de cara al SEO como ya hemos mencionado, sino que además nos permite configurar el resto de opciones necesarias para nuestro sitio en general. Sus funcionalidades principales son:

- Permite indicar si queremos que las páginas se indexen o no se indexen o tengan la etiqueta *no follow* a nivel individual.
- Nos permite conectar directamente con las herramientas para webmasters como Google Search Console.
- Podemos configurar qué tipos de contenido se indexan y cuáles aparecen en los *sitemaps* o no.
- Genera automáticamente y mantiene actualizados los *sitemaps*.
- Se ocupa de generar una gran cantidad de datos estructurados sin necesidad de configurar nada.
- Asocia los perfiles sociales a las publicaciones.
- Permite configurar las migas de pan.
- Cuenta con un editor de los archivos *.htaccess* y *robots.txt*.
- Cuenta con un editor masivo de títulos y meta descripciones.

8.3.2 Web Text Tool

Se trata de una herramienta de pago similar a lo que ofrece la ayuda de Yoast SEO cuando escribimos un artículo, es decir, que le indicamos la palabra clave a posicionar en ese artículo y nos va dando **consejos** de SEO *on page* mientras escribimos.

Esta, además, nos permite hacer seguimiento del ranking de posiciones de esa página para la palabra clave principal.

Es una buena alternativa hasta que nos soltemos un poco en la escritura para SEO, principalmente si no utilizamos Wordpress como gestor de contenidos y es más económico que la mayoría de las herramientas de seguimiento de posiciones que hay en el mercado.

Aquí puedes ver la lista de precios o probarla de forma gratuita durante un mes.

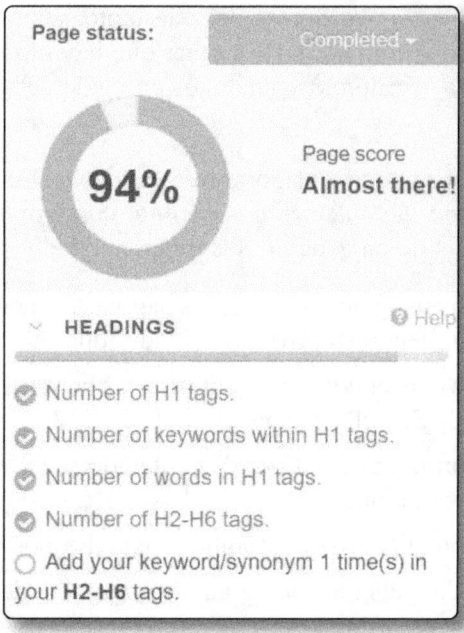

Figura 8.19. Fragmento del informe del estado de una página editada en WebTextTool

8.3.3 Rankbox

Se trata de una herramienta específica para hacer seguimiento de las posiciones de nuestras páginas en los rankings de las SERP de forma local y muy específica. Además, le indicas tu dominio y una palabra clave y nos dice en qué posición de las páginas de resultados se encuentra la página de nuestro sitio que mejor esté posicionada para ese término.

Disponer de una herramienta de este tipo es absolutamente necesario cuando hacemos SEO, ya que si no, es como ir a ciegas, no sabemos en qué posición se encuentra cada término en las SERP y hacerlo a mano no vale en absoluto la pena, ya que si te encuentras en las primeras posiciones muy bien, pero si estás en tercera, cuarta o quinta página de resultados, el trabajo comienza a ser tedioso. Multiplica eso por cada una de las KWs de tu lista y ya sabes la que te espera.

Las herramientas SEO de propósito general suelen incluir esta funcionalidad, pero si no nos hacen falta el resto de funcionalidades o queremos algo más económico, una de estas es la solución perfecta. De hecho, hay muchas herramientas que hacen esto. He escogido esta porque tiene una funcionalidad que la distingue de las demás. Viene con un dispositivo físico que te envían a casa y lo conectas al *router*. Este sirve para identificar de manera exhaustiva el ranking por ubicaciones (solo dentro de España por el momento). Es decir, que nos dice la posición en la que estamos en cualquier zona específica de la geografía, Madrid, Sevilla, Valencia, donde sea.

Aquí puedes ver más detalles: *bit.ly/rankbox*

8.3.4 SEO Quake

Se trata de una barra de herramientas para el navegador que nos aporta información adicional y muy útil cuando estamos analizando páginas web.

Nos ahora mucho tiempo si estamos, por ejemplo, analizando competidores o incluso nuestra propia página. Aunque hay muchas más similares, esta es quizás la más conocida y además se conecta con *SEMRush,* incluso si tenemos una cuenta gratuita, para aportarnos información adicional.

Figura 8.20. SEOQuake

Funciona haciendo clic sobre el icono en el navegador cuando tenemos abierta la página que queremos analizar.

Como se puede ver en la imagen anterior, nos muestra todos e incluso más de los indicadores que hemos mencionado anteriormente al estudiar competidores, como ranking de Alexa, páginas indexadas en Google, información sobre el dominio, enlaces entrantes, aparte de muchas otras a las que podemos acceder mediante las diferentes pestañas y apartados que se ven en la parte superior.

Otra de sus funcionalidades es que podemos también ver algunos de estos datos de forma reducida en la misma página de resultados del buscador.

Figura 8.21. SEO Quake SERP

En la imagen anterior se muestran un par de resultados de Google al buscar *chocolate* con *SEOQuake* activo.

Al tratarse de una barra de herramientas para el navegador, lo deberemos buscar en el directorio de extensiones del navegador que utilicemos, al igual que hicimos en capítulos anteriores con la de YouTube o la de MOZ.

8.4 CONCLUSIÓN

Herramientas SEO hay muchas y no dejan de salir nuevas. Aquí hemos visto algunas, pero se trata de encontrar las que mejor se adapten a las necesidades de cada proyecto o empresa.

Como habrás observado, la mayoría cobran más o menos en función de la cantidad de elementos que deseemos medir o hacer seguimiento, así que, los mejores consejos que te puedo dar son, que pruebes y compares durante un tiempo y que en períodos de ofertas especiales como el Black Friday estés al loro, porque en muchas ocasiones se pueden encontrar cuentas vitalicias de servicios que son nuevos y buscan adquirir clientes de forma rápida.

EJERCICIO PROPUESTO CAPÍTULO 8

Configura y enlaza entre sí Google Analytics y Google Search Console para algún nuevo proyecto web si no lo tienes hecho ya. Haz un repaso por la información que ofrecen estas herramientas y saca conclusiones de lo que debes mejorar.

Decide y comparte las herramientas que crees que mejor se adaptan al proyecto que estés llevando a cabo.

CUESTIONES CAPÍTULO 8

▶ **P1. El informe general de audiencia de Google Analytics.**
- Muestra el comportamiento de los usuarios entre nuestras páginas.
- Indica de qué canales procede el tráfico de nuestra web.
- Muestra información general a cerca del tipo de usuarios y tráfico que recibe la página.
- Todas son correctas.

▶ **P2. La configuración de las conversiones en GA:**
- Nos permite crear objetivos que indiquen lo que ganamos con las ventas que ocurren en la web.
- Nos permite crear objetivos para saber cuántos usuarios y cuándo utilizan el formulario de contacto.
- Nos permite crear objetivos para medir las conversiones.
- Todas son correctas.

▼ **P3. En Google Search Console:**

- Podemos ver las consultas que hacen los usuarios que provocan que nuestra página se muestre en los resultados de búsqueda.
- Podemos ver los enlaces entrantes a nuestro sitio web.
- Podemos enviar los *sitemaps* de nuestro sitio para que Google los tenga en cuenta y nos indique cuantas de esas páginas tiene indexadas.
- Todas son correctas.

▼ **P4. RankBox:**

- Se distingue de las demás herramientas de seguimiento de posiciones en que nos muestra datos locales y no tiene mal precio.
- La he recomendado por ser la más económica de todas.
- Es una herramienta SEO de propósito general.
- Todas son correctas.

▼ **P5. SEOQuake:**

- Es una barra de herramientas que instalamos en el escritorio y nos muestra datos SEO.
- Es una barra de herramientas que instalamos en el navegador y nos muestra datos SEO de las páginas que consultamos.
- Es de pago, pero muy económica.
- Todas son correctas.

9
TENDENCIAS

9.1 VELOCIDAD

Ni que decir tiene que nos referimos aquí principalmente a dispositivos móviles. Eso ya no es una tendencia, es un hecho. Ya veíamos que la tasa de visitas de dispositivos móviles ha superado a la de escritorio a nivel global recientemente y esto no irá hacia atrás, sino todo lo contrario. Por ello, tener los sitios web perfectamente adaptados a *smartphones* y tabletas es ya obligatorio.

Partiendo de ello, tenemos que según ha anunciado Google explícitamente, va a dar prioridad a los resultados rápidos y seguros. Dos claves por las que debemos competir en este año y sucesivos. Veamos cómo.

9.1.1 AMP

De *Accelerated Mobile Pages* (páginas aceleradas para móviles) es un proyecto sin ánimo de lucro que propone una versión simplificada de los lenguajes de programación que se usan en las páginas web para que sean más simples y ligeros.

Este proyecto ha tenido la suerte de estar amparado por Google y Twitter, de modo que podemos decir que se está convirtiendo en un estándar. Prueba de ello es que ya podemos encontrar una gran cantidad de componentes por ejemplo para Wordpress con los que podemos crear unas versiones alternativas de nuestras páginas en formato AMP.

Concretamente, los creadores del propio proyecto tienen el que podríamos decir que es *el plugin oficial*.

9.1.1.1 ¿QUÉ HACE?

Crea versiones simplificadas siguiendo las directrices *AMP* de tus entradas de blog para que se carguen como el rayo.

9.1.1.2 ¿CÓMO FUNCIONA?

Genera una versión adicional de tus entradas que puedes encontrar agregando al final de la URL */amp*, por Ejemplo:

Artículo normal:

https://www.diegocmartin.com/truco-instagram-recibir-visitas-ecommerce/

Versión AMP:

https://www.diegocmartin.com/truco-instagram-recibir-visitas-ecommerce/amp

9.1.1.3 A TENER EN CUENTA

Al agregar esta funcionalidad debes tener en cuenta que se están generando páginas "nuevas" que deben ser indexadas por los buscadores para que estos puedan mostrarlas, aunque como es una novedad y juega a favor de las directrices del propio Google, este no tardará en percatarse e indexaras.

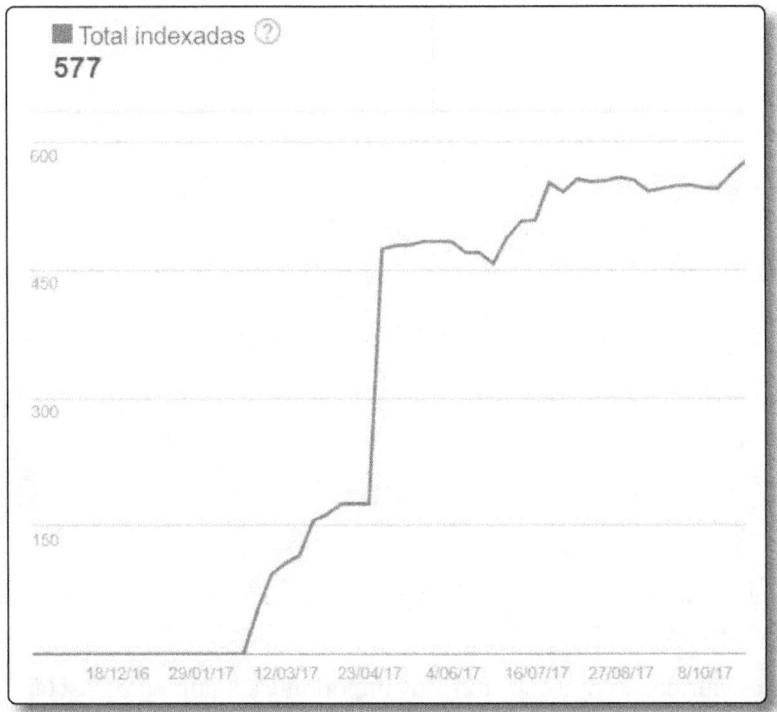

Figura 9.1. Páginas indexadas. G Search console

¿Recuerdas la enorme subida que te mostraba en Google Search Console al ver las estadísticas de mi página? Eso ocurrió a los pocos días de agregar esta funcionalidad.

También debes tener en cuenta que este componente para Wordpress solo funciona con entradas de blog y no con otros tipos de contenido.

Además, existe otro problema a la hora de medir estas visitas con Google Analytics, ya que, si no hacemos nada, no las estamos monitorizando.

Afortunadamente, *Yoast SEO* no ha tardado en percatarse de estas dos cuestiones y ofrecen una extensión para su *plugin* igualmente gratuita que soluciona las dos cosas. Se llama *Glue for Yoast SEO & AMP*.

9.2 SEGURIDAD

Enlazamos con la cuestión de seguridad sin dejar de lado la velocidad, como ahora veremos.

La seguridad es otra cuestión muy importante actualmente y así también lo ha anunciado Google, al igual que podemos verlo también en los propios navegadores que utilizamos en la actualidad.

¿Te has fijado en que desde hace algún tiempo los navegadores nos indican al lado de la URL si nuestra conexión es segura?

Figura 9.2. Conexión segura en Firefox

Esto quiere decir que nos estamos conectando con quien se supone que lo estamos haciendo y que, además, los datos que se envían viajan encriptados de forma segura.

Con esto disminuyen dos grandes amenazas que hay en internet. La suplantación de identidad (*phishing*) y el robo de datos durante los envíos de los mismos (*sniffing*).

9.2.1 Certificados SSL

Los certificados SSL son la solución para hacer tu sitio web seguro. Una vez que instales un certificado de seguridad en tu dominio, podrás utilizar el protocolo *https* y los datos viajarán de forma segura.

Desde hace algún tiempo, esto es casi obligatorio para una tienda virtual y desde que se ha anunciado recientemente, casi que sería bueno ponerlo en cualquier tipo de web. Además, las agencias de protección de datos no tardarán en hacer que esto sea obligatorio para adaptarnos a la LOPD.

9.2.1.1 ¿QUÉ TIPOS DE CERTIFICADOS HAY Y CUÁNTO CUESTAN?

Hay varios tipos de certificados, porque no es lo mismo ponerlo únicamente en un dominio, que en varios o en proyectos que también tengan subdominios.

Si hay operaciones de compraventa y TPV virtuales de bancos de por medio (sistemas de pago por tarjeta), normalmente la cosa se complica y como poco habrá que contratar una dirección IP propia en nuestro proveedor de *hosting* además del certificado. Esto cuesta unos 20€ al año aproximadamente.

Si nos vale con un certificado de los simples, podemos utilizar los servicios de *Let's Encrypt*. Una organización sin ánimo de lucro que recientemente ha puesto a disposición certificados SSL gratuitos. Eso sí, tu proveedor de *hosting* debe trabajar con ellos para que esto sea así.

Por esta clase de cosas es por las que suelo desaconsejar proveedores de *hosting* muy conocidos y globales. Suelen ser engañosos y aunque te hacen unos estupendos precios de entrada, luego te cobran por cualquier extra como este.

Me consta que por ejemplo en 1&1 no trabajan con *Let's Encrypt* por el momento, sin embargo, en un *hosting* más local como el que os recomiendo y con el que trabajo actualmente, *Loading*, sí, y además es fácil y rápido de instalar.

9.2.1.2 ¿CÓMO INSTALO UN CERTIFICADO SSL?

Lo primero es contratar y activar el certificado y probablemente una IP propia en el proveedor de *hosting*.

En el caso de Loading con *Let's Encrypt* es tan sencillo que cualquiera que haya contratado uno a la vieja usanza se acordará.

Nos dirigimos al panel de configuración del dominio deseado, buscamos la opción *Let's Encrypt* e indicamos el email en el que recibiremos una confirmación. Unos minutos más tarde tendrás activo tu nuevo y flamante certificado SSL.

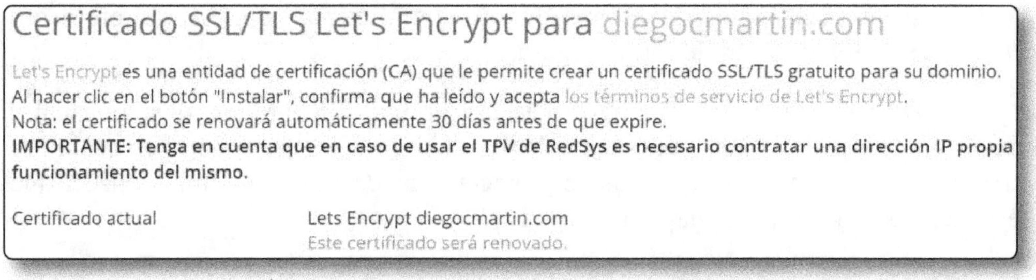

Figura 9.3. SSL con Lets encrypt

Pero no es oro todo lo que reluce. Esto quiere decir que tenemos un certificado en nuestro dominio que podemos utilizar. A continuación, hay que configurarlo en el sitio web, y esto dependerá del CMS que utilices.

Como siempre, en el caso de Wordpress es todo fácil, rápido y económico. El *plugin* gratuito *Really Simple SSL* lo hace todo por nosotros. Detecta si tenemos el certificado y a continuación realiza las correspondientes redirecciones para que cada página pase a estar precedida del *https* en lugar del *http*.

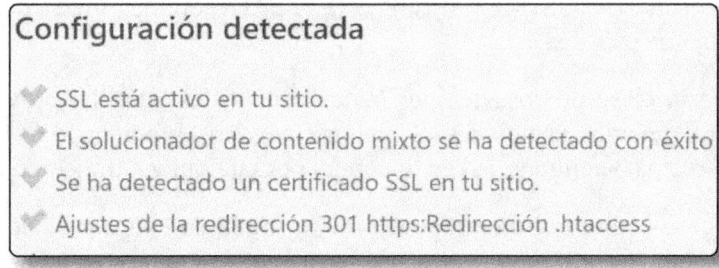

Figura 9.4. Activar SSL en Wordpress con Really simple ssl

9.2.1.3 DESVENTAJAS DE LOS CERTIFICADOS SSL

Por supuesto, una de las desventajas es la dificultad técnica que puede ocasionar si algo se complica más allá del caso sencillo e ideal que os acabo de contar. En estos casos, contar con un *hosting* que ofrezca un buen servicio de soporte es fundamental.

Además, tras instalar el certificado, notarás un descenso en los tiempos de carga de la página. Por ejemplo, antes de instalarlo te puedo decir que los resultados del test de Google Page Speed para mi sitio eran ambos en verde. Tengo pendiente tratar de volver a recuperarlo.

9.2.2 HTML2 y PHP7

PHP es el lenguaje de programación con el que están desarrollados los servidores web *Apache*. Estos servidores web son los más extendidos con gran diferencia y la mayoría de los gestores de contenido actuales funcionan con él. No obstante, es bueno saber que hay otros basados en otros leguajes web. Puede que te suenen *Ruby on Rails* o *Python*.

En cualquier caso, mientras trabajemos en servidores *Apache* hablamos de leguaje PHP; y PHP7 es la nueva versión. Esta versión de PHP se supone que está enfocada entre otras cosas a la velocidad.

Puedes cambiar la versión de PHP en tu servidor en el panel de control de tu *hosting* y poner la versión 7 si el *hosting* te lo permite y si el gestor de contenidos que utilices es compatible. Por ejemplo, Wordpress en sus últimas versiones es perfectamente compatible con PHP7 y, por ejemplo, la nueva versión de Prestahop, requiere PHP7 para funcionar.

HTML2 aún está en período de pruebas y de momento los proveedores de *hosting* no lo ofrecen, pero cuando aparezca, implicará más velocidad y más seguridad, al incluir de por sí un certificado. Pregunta a tu proveedor de *hosting* a cerca de esta tecnología para más información.

9.3 BÚSQUEDAS POR VOZ

Si las conexiones desde dispositivos móviles son el presente, las búsquedas por voz son el futuro próximo. ¿Has probado las búsquedas por voz o algún asistente como *Siri* o *Cortana*?

De momento, las búsquedas por voz no suponen un porcentaje significativo sobre el total, pero esto cambiará. Irá cambiando poco a poco hasta probablemente pasar a superar a las búsquedas escritas.

En este sentido hay mucho por recorrer, es un sector joven aún, pero sí que estamos viendo cómo todas las grandes empresas del sector *online* están ahí.

Uno de los claros ejemplos es la apuesta de Amazon. ¿Conoces su nuevo dispositivo *Amazon Echo*? Te invito a que le eches un vistazo. Es relativamente nuevo y por el momento solo se ofrece en países de habla inglesa. Cuando lo hayan probado bien y consolidado, no creo que tarden en hacerlo funcionar en español.

Es un altavoz portátil y a la vez asistente por voz que integra el *Marketplace* de *Amazon*. El nuevo caballo de Troya del gigante de las ventas *online*. ¿Qué nos deparará?

Volviendo a las búsquedas y hablando un poco de Google. ¿Has observado lo que ocurre al buscar por voz? Al buscar por voz, Google nos lleva directamente al resultado que considera más acertado. Es decir, que ya no hay página de resultados, sino que tratará de darnos respuesta directa a nuestra pregunta, que, por otra parte, al ser por voz, suele ser mucho más concreta que escrita.

Esto cambia completamente el paradigma del SEO actual y hay que estar preparados. Lo que nos lleva al siguiente apartado.

9.4 LOS FRAGMENTOS DESTACADOS

¿Te has topado con las nuevas respuestas que Google ofrece directamente en los resultados de búsqueda? Haz una pregunta específica y lo verás. Aquí un Ejemplo:

Figura 9.5. Google fragmentos destacados

A esto Google lo llama *Featured Snippets* (fragmentos destacados, en castellano), lo está comenzando a utilizar desde hace poco y supone una oportunidad para obtener una mayor visibilidad ahora mismo.

Tal como indican ellos mismos en el artículo que indico en el párrafo anterior, no se puede controlar lo que aparece en estos resultados. Google mostrará aquellos que considere mejores, un poco al hilo de lo que comentábamos en el apartado anterior sobre las búsquedas por voz.

Probablemente lo utilizan tanto para perfeccionar los resultados que se muestran, como para que nos vayamos acostumbrando a esta nueva forma de visualizar la información.

Aunque Google afirma que no forma parte del gráfico de conocimiento (*knowledge graph*), evidente si lo está, aunque sea de forma indirecta. El gráfico de conocimiento trata de interpretar la semántica de las páginas web para mostrar los resultados más adecuados y visualmente agradables y esto lo controlamos mediante los datos estructurados que hemos visto previamente.

Por tanto, si utilizamos de forma adecuada los datos estructurados y además nos detenemos observar y conocer cuándo aparecen estos fragmentos destacados, podemos intentar ser los que aparezcamos ahí. Sin garantías, por supuesto.

Según un estudio de *Stat Search Analytics*, los temas más recurrentes son los financieros, matemáticas, horas, estados, requisitos y salud. Y los menos son resultados locales, información y ayuda, compras e imágenes y vídeos. Supongo que por tener sus propios tipos de resultados.

Además, estos resultados suelen aparecer en forma de tabla o lista. Con lo que es lógico pensar que es más probable que obtenga la información de textos que ya estén así estructurados en nuestro HTML.

También hay que tener en cuenta que estos resultados corresponden a preguntas concretas, con lo que un estudio de términos muy específicos y *long tail* nos puede ayudar, al igual que la herramienta *Answer the public*.

9.5 GOOGLE RANKBRAIN

Google RankBrain es un sistema de inteligencia artificial que usa Google para ayudar al proceso de búsqueda de resultados, principalmente usado para interpretar las búsquedas que los usuarios enviamos para tratar de encontrar páginas que no contengan exactamente las palabras que hemos usado para buscar.

Este sistema aprende de lo que hacemos los usuarios. Un ejemplo que nos puede además ayudar a comprender mejor los rebotes sería el siguiente:

▶ Puede que un usuario que busca algo, entre en un resultado de búsqueda y a los pocos segundos vuelva de nuevo a Google para ir a otro resultado o refinar la búsqueda.

▶ Puede que un usuario que busca algo, entre en un resultado de búsqueda y a los pocos segundos salga del sitio y haga otra cosa diferente.

Ambos casos están provocando un rebote, pero no son iguales, porque en el segundo caso, el usuario parece haber satisfecho su pregunta, mientras que en el primero no.

Esta clase de cosas con las que tiene en cuenta RankBrain para mejorar los resultados y es una pieza que encaja perfectamente en el rompecabezas de Google y su deseo de ofrecer al usuario aquello que está buscando y aproximarse así al razonamiento humano.

Si te interesa el tema puedes leer más en *este artículo de Search Engine Land*. (English).

9.5.1 ¿Cómo tenemos esto en cuenta para nuestro SEO?

Puede que haya trucos y simplemente el conocimiento de estas tecnologías y su funcionamiento nos puede ayudar, pero con el rumbo que están tomando las cosas, desde luego todo pasa por ofrecer contenido de calidad al usuario. Cosa que solo podemos conseguir mediante el conocimiento de este. Por ello hemos recalcado en numerosas ocasiones, a lo largo de este libro, la importancia que tiene saber a quién nos dirigimos y establecer una estrategia.

9.6 VÍDEO

Solo recordar el crecimiento y la importancia de este tipo de contenido que no deja de crecer. Debe estar en esta lista de tendencias, aunque ya hemos explicado su funcionamiento.

EJERCICIO PROPUESTO CAPÍTULO 9

Investiga sobre cuáles de estas propuestas puedes implementar sobre tu proyecto y cómo.

CUESTIONES CAPÍTULO 9

▼ **P1. AMP:**
- De Páginas Aceleradas para Móviles.
- Son un conjunto de reglas sobre los lenguajes de programación web con el objetivo de mejorar velocidad de carga de las páginas para dispositivos móviles.
- Se puede implementar en Wordpress.
- Todas son correctas.

▼ **P2. Los certificados SSL:**
- Sirven para que no nos roben información.
- Sirven para evitar la suplantación de identidad.
- Se pueden adquirir de forma gratuita con Let's Encrypt.
- Todas son correctas.

▼ **P3. Para instalar un certificado SSL:**
- Debes adquirir una IP propia obligatoriamente.
- Lo adquieres y luego lo configuras en tu sitio web.
- Es muy costoso y no merece la pena para los beneficios que aporta hoy por hoy.
- Todas son correctas.

▼ **P4. Los fragmentos destacados:**
- Suponen una gran oportunidad para generar visibilidad y visitas.
- Son respuestas a preguntas específicas que hacen los usuarios en los buscadores que aparecen en la parte superior de forma destacada.
- Answer the Public es una herramienta ideal para encontrar las preguntas que hacen los usuarios en los buscadores.
- Todas son correctas.

▼ **P5. El contenido en formato de vídeo, ¿debe estar en esta lista que habla sobre tendencias SEO?**
- Verdadero.
- Falso.

GLOSARIO POR ORDEN DE APARICIÓN

- **SEO**: Search Engine Optimization. Optimización de motores de búsqueda.

- **Marketplace**: mercado o supermercado, que en el panorama digital ejemplos podrían ser Amazon, Google Play, Ebay, Apps Store, etc.

- **Geo posicionamiento**: posicionamiento que viene dado por una ubicación geográfica. Cuando buscamos con un dispositivo móvil, las búsquedas son geo posicionadas porque el proveedor sabe dónde estamos.

- **Sitio web**: un conjunto de páginas web que conforman todo el espacio web bajo un dominio o parte de él.

- **Página web**: una sola página que forma parte tu sitio web.

- **Dominio**: nombre que recibe el lugar en el que se encuentra tu sitio web y por el te pueden encontrar los usuarios.

- **Blog**: en español bitácora. Es conjunto de artículos organizados por categorías y etiquetas y ordenado en orden cronológico inverso, es decir, el más nuevo aparece el primero.

- **SERP**: Search Engine Resuts Page, página de resultados de búsqueda.

- **Posicionamiento orgánico**: el posicionamiento que tiene una página o sitio web de forma natural, es decir, mediante técnicas SEO.

- **Resultado orgánico**: un resultado posicionado de forma natural mediante SEO.

▼ **Crawlear**: anglicismo procedente del verbo *to Crawl*, arrastrarse, reptar. Se utiliza para expresar el hecho de que las arañas de un buscador visiten un sitio web. Ejemplo: la frecuencia de crawleo es de dos veces al día.

▼ **Indexar**: decimos que un buscador indexa una página cuando esta aparece en sus resultados, es decir, forma parte de su índice en la base de datos.

▼ **Algoritmo**: conjunto de operaciones que unidas en un programa informático desempeñan una función. Los buscadores usan algoritmos para recorrer las páginas que visitan e indexarlas.

▼ **Marketing online**: todas aquellas acciones que se hacen en los canales en línea con el objetivo de vender.

▼ **Dominio**: nombre principal que tendrá tu sitio web y que debes contratar a través de una empresa registradora.

▼ **Hosting**: hospedaje para tu web. Asegura que tu sitio esté publicado permanente para que los usuarios puedan acceder.

▼ **Podcast**: radio bajo pedido. Es decir, programas de radio pregrabados generalmente en formato audio, a los que nos podemos suscribir.

▼ **Remarketing**: en el caso del que aparece en el ejemplo del capítulo 8, se trata de un tipo de anuncio visual de Google Adwords en forma de *banner* que se muestra a los usuarios que han visitado anteriormente el sitio web que deseamos publicitar. En general, *remarketing* o *retargeting* se refiere a anuncios que vuelven a aparecer al usuario que han visitado ya el producto o servicio. También se puede hacer en Facebook con las páginas de fans, como se narra en el caso Grattify.

▼ **Conversión**: decimos que un usuario convierte cuando realiza con éxito nuestro objetivo. Por ejemplo, finalizar el proceso de venta onlie, o ponerse en contacto mediante el formulario correspondiente.

▼ **Abandono**: lo contrario de conversión. Sería un usuario que se marcha de nuestro sitio web sin cumplir el objetivo.

▼ **KW**: del inglés *KeyWord*. Palabra clave en español.

▼ **Brainstorming**: dinámica de grupo que se emplea para generar gran cantidad de ideas sin importar la calidad de las mismas. Posteriormente se hace un análisis de las propuestas para sacar conclusiones.

▼ **Cuenta de Google y cuenta de Gmail**: matizo esto aquí porque es importante saber que, si tienes una cuenta de Gmail, tienes una cuenta de Google, y teniendo una cuenta de Google puedes utilizar cualquiera de los servicios de Google con esta misma.

▼ **Sesión**: la visita que hace un usuario a un sitio web. Un usuario puede crear varias sesiones en momentos distintos del tiempo y puede visitar varias páginas en una sesión.

▼ **Tiempo de visita**: tiempo que permanece un usuario navegando por las páginas de un sitio web desde que entra hasta que se marcha o pasa más del tiempo límite de inactividad.

▼ **Páginas por sesión o visita**: las páginas de un mismo sitio web por las que un usuario navega a lo largo de una sesión.

▼ **Tasa de rebote**: cuando un usuario entra y sale de un sitio web sin acceder a otras páginas provoca un rebote. La tasa sería expresarlo en forma de porcentaje por cada 100 visitas. Se dice que cuanto más baja es la tasa de rebote es mejor, ya que los usuarios están visualizando otras páginas del sitio que les llaman la atención, pero esto no quiere decir que lo contrario tenga que ser negativo, ya que en un blog es usual encontrar altas tasas de rebote y en muchos de los casos, los usuarios satisfacemos nuestras dudas tras consultar un artículo de blog.

▼ **Alcance de una publicación**: el número de personas a las que llega una publicación.

▼ **Interacción de una publicación**: las interacciones que hacen los usuarios de una red social con la publicación. Por ejemplo, en Facebook podría ser comentar, compartir o hacer *like*.

▼ **Impresiones**: número de veces que un anuncio publicitario aparece en la pantalla de usuarios cuando hablamos de campañas publicitarias *online*.

▼ **Frecuencia de impresión**: número de vences que un anuncio se imprime en la pantalla del mismo usuario.

▼ **Frecuencia de publicación**: hablado de una red social como Facebook, sería el número de veces que se publica a lo largo de la semana. Normalmente en redes sociales medimos y comparamos por semanas.

▼ **CSS**: lenguaje de programación web con el que se especifica el aspecto visual del contenido, que es el que se escribe mediante HTML.

- **Spam**: uso del correo para enviar publicidad basura de forma masiva habitualmente de tipo publicitario.

- **CMS**: Content Management System o sistema de gestión de contenidos. Es un programa web que nos permite poder manipular con contenidos del sitio de manera cómoda y visual.

- **Blogs de nicho**: blogs que se especializan en una temática muy específica y suelen utilizar un dominio con el mismo nombre de la palabra clave principal, para así adquirir mucha visibilidad para ese término.

- **Memoria caché**: los navegadores almacenan en la memoria caché las páginas que visitamos para que al acceder la próxima vez el tiempo de carga sea menor. Lo que hace el navegador es comparar el código almacenado en la memoria con el código actual que tiene la página y cargar solo los cambios. Se dice que la página debe indicar al navegador con qué frecuencia debe refrescar esta memoria.

- **Migas de pan**: *breadcrumbs* en inglés. Se trata del indicador de posición que suele estar situado encima del título de las páginas e indica en qué parte se encuentra esa página dentro de la jerarquía del sitio web. Normalmente podemos hacer clic en cualquiera de los elementos que conforman las migas de pan para ir a ese punto, que normalmente será una categoría de nivel superior.

- **Enlace do follow**: no lo hemos explicado porque es bastante auto explicativo. Hablamos de los enlaces *no follow*, que indican a las arañas a no pasar a través de ellos. Los *do follow* son lo contrario. Si no se especifica, las arañas actuarán como si fuera *do follow*.

SOLUCIONES DE LOS CUESTIONARIOS

Capítulo 1

▶ P1. ¿Qué es SEO?
- R1. Optimización de motores de búsqueda
- R1. Search Engine Optimization
- R1. Todas aquellas tareas que desempañemos para lograr conseguir visitas a nuestro sitio web mediante posicionamiento orgánico o natural
- **R1. Todas son correctas**

▶ P2. SERP es…
- R2. Search Engine Ranking Pages
- **R2. Las páginas de resultados de búsqueda**
- R2. Los términos de búsqueda que usan nuestros clientes
- R2. Los términos de búsqueda que usan los usuarios

▶ P3. La relevancia …
- R3. Es una de tantas formas que tienen los buscadores de determinar el posicionamiento
- **R3. Es uno de los factores fundamentales que los buscadores utilizan para generar el ranking**

- R3. Los resultados de búsqueda son relevantes cuando no tienen nada que ver con el término de búsqueda empleado
- R3. Todas son correctas

▼ P4. Sobre Autoridad:
- R4. La autoridad de un sitio web es lo importante que este es a ojos del buscador
- R4. Podemos medir la autoridad con herramientas como Alexa o MOZ Bar
- R4. Es uno de los factores fundamentales que los buscadores utilizan para generar el ranking
- R4. Todas son correctas

▼ P5. El SEO es ... dentro del marketing *online*
- **R5. Uno de los canales fundamentales**
- R5. Una herramienta costosa pero efectiva
- R5. Una tarea más
- R5. Un tipo de medio propio

Capítulo 2

▼ P1. ¿Palabra clave y término de búsqueda son lo mismo?
- R1. Si
- R1. No
- **R1. Lo que para el usuario es término de búsqueda, para los que hacemos SEO es una KW**
- R1. Todas son correctas

▼ P2. Formas para obtener ideas de palabras clave son..
- R2. Hacer un *brainstorming*
- R2. Pensar como lo haría el cliente objetivo
- R2. Usar herramientas que nos ayuden con la generación de ideas
- **R2. Todas son correctas**

▼ P3. Los términos *long tail*…
- R3. Suelen tener un elevado volumen de búsquedas y un escaso nivel de competición
- **R3. Suelen tener un escaso volumen de búsquedas y un escaso nivel de competición**
- R3. Suelen tener un elevado volumen de búsquedas y un elevado nivel de competición
- R3. Suelen tener un escaso volumen de búsquedas y un elevado nivel de competición

▼ P4. La información que nos suministra el propio Google…
- R4. Es poco fiable porque solo les interesa vender
- **R4. Es la primera fuente de información a la que debemos acudir para obtener información sobre términos de búsqueda**
- R4. Es la única y mejor fuente para obtener información sobre términos de búsqueda
- R4. Todas son correctas

▼ P5. El planificador de palabras clave de Google…
- R5. Suministra información acerca de volúmenes de búsqueda y nivel de competición entre otras cosas
- R5. Es una herramienta que forma parte de Google Adwords
- R5. Nos permite importar y analizar una gran cantidad de palabras clave de una vez
- **R5. Todas son correctas**

Capítulo 3

▼ P1. Sobre Alexa
- R1. Herramienta con la podemos conocer datos acerca del tráfico y audiencia de cualquier sitio web
- R1. Nos ofrece información acerca de los términos de búsqueda que más tráfico llevan al dominio analizado
- R1. Podemos ver el porcentaje de tráfico que un sitio recibe por países
- **R1. Todas son correctas**

▶ P2. Similar web

- R2. Es un servicio que sirve para copiar páginas
- R2. Busca páginas similares
- **R2. Permite comparar datos SEO de tu sitio web con los de tus competidores**
- R2. Todas son correctas

▶ P3. Con el inspector de elementos

- R3. Podemos ver el código fuente de un elemento de una página web
- R3. Podemos ver el código fuente de una página web al completo
- R3. Podemos identificar cómo hacen SEO nuestros competidores
- **R3. La primera y la tercera son correctas**

P4. Sobre dominios

- R4. Las herramientas "Who is" nos permiten conocer datos sobre los dominios
- R4. Podemos registrar un dominio en una empresa y utilizarlo en el hospedaje de otra
- R4. Podemos disponer de varios dominios para un solo sitio web
- **R4. Todas son correctas**

▶ P5. El estudio de competidores

- R5. Nos sirve para determinar la presencia en Internet de nuestra competencia
- R5. Nos permite obtener ideas de mejora para nuestros productos y servicios
- R5. Es un proceso continuo que debemos vigilar contantemente
- **R5. Todas son correctas**

Capítulo 4

▶ P1. El atributo alt

- R1. Sirve para mostrar imágenes a un tamaño determinado
- R1. Sirve para optimizar imágenes

- **R1. Sirve para mostrar un texto alternativo**
- R1. Todas son correctas

▼ P2. El *anchor text*
- R2. Es el texto que se ve de los enlaces
- R2. Idealmente debe contener una palabra clave
- R2. Lo especificamos entre la cláusula de apertura y de cierre de la etiqueta a
- **R2. Todas son correctas**

▼ P3. La guía de estilos
- R3. Sirve para aplicar estilos CSS a nuestras páginas
- **R3. Es el documento que recoge las pautas de estilado a seguir por el grupo de trabajo**
- R3. Es el manual para aplicar estilos SEO
- R3. Todas son correctas

▼ P4. Las imágenes
- R4. Deberían subirse a la web como mucho al máximo tamaño en que se vayan a mostrar
- R4. Deben ocupar el mínimo espacio en disco posible
- R4. Se recomienda utilizar la palabra clave principal de la publicación en al menos una de las imágenes
- **R4. Todas son correctas**

▼ P5. La meta descripción
- R5. Tiene un máximo de 260 caracteres
- **R5. Es el texto que aparece en los resultados de búsqueda bajo la URL de la página**
- R5. Debe contener varias veces la palabra clave principal
- R5. Todas son correctas

Capítulo 5

▼ P1. Cuando escribimos un artículo para SEO debemos tener en cuenta…
- R1. Determinar el tema y palabras clave a utilizar
- R1. Investigar, obtener fuentes y material multimedia
- R1. Revisarlo y configurar todo el SEO on page
- **R1. Todas son correctas**

▼ P2. Para conseguir contenido autogenerado
- R2. Debemos ser más rápidos que la competencia
- **R2. Debemos conseguir formar una comunidad de usuarios implicados que participen**
- R2. No es posible generar contenido de forma automática y que a la vez sea válido para SEO
- R2. Todas son correctas

▼ P3. El black hat SEO
- **R3. Son técnicas que pretenden engañar a los motores de búsqueda**
- R3. Garantiza el posicionamiento en las primeras posiciones de las SERP
- R3. Solo funciona con Google
- R3. Todas son correctas

▼ P4. Respecto al plan de comunicación
- R4. Es un documento que te ayudará a la mejora continua en la comunicación con los clientes
- R4. Debe contener los objetivos empresariales claramente especificados y con fecha de fin e indicador
- R4. Incluye al calendario de publicaciones, que te ahorrará mucho tiempo cuando vayas publicar o difundir contenido
- **R4. Todas son correctas**

▼ P5. El protocolo post publicación
- R5. Debe contener los objetivos empresariales claramente especificados y con fecha de fin e indicador

- R5. Es una guía para determinar los pasos a seguir tras publicar nuevo contenido
- R5. Debe contener varias veces la palabra clave principal
- R5. Todas son correctas

Capítulo 6

▶ P1. Selecciona la falsa. Mediante las categorías de Wordpress...
- R1. Podemos crear categorías padre e hijas
- R1. Podemos asignar entradas del blog a las categorías
- **R1. Podemos asignar páginas a las categorías**
- R1. Podemos organizar jerárquicamente la información de nuestro sitio

▶ P2. Un buen backlink
- R2. Debe provenir de un sitio web de relevancia
- R2. Debe incluir en el anchor text la KW que estemos posicionando o una variante
- R2. En general deben ser diversos, tanto si hablamos de sitios de procedencia como del anchor text
- **R2. Todas son correctas**

▶ P3. Google Penguin
- **R3. Es un algoritmo de Google que penaliza las malas prácticas en el uso de enlaces**
- R3. Es una herramienta de google para detectar enlaces de dudosa reputación
- R3. Tiene los días contados
- R3. Todas son correctas

▶ P4. Podemos conseguir enlaces pagando a
- **R4. Revistas online especializadas**
- R4. Wikipedia
- R4. Linkbuilding
- R4. Todas son correctas

▼ P5. Podemos conseguir enlaces gratis en
- R5. Foros
- R5. Comentarios de blogs
- R5. Redes sociales
- **R5. Todas son correctas**

Capítulo 7

▼ P1. Ejemplos de servicios de visibilidad online para empresas locales son:
- R1. Tripadvisor y Booking
- R1. Google my Business
- R1. Foursquare y Yelp
- **R2. Todas son correctas**

▼ P2. Google My Business
- R2. Sirve para aparecer en Google Maps
- **R2. Sirve para poder gestionar las reseñas que los usuarios hacen en Google e indicar la ubicación de tu negocio en los mapas de manera certera.**
- R2. Sirve para publicar vídeos de tu negocio en Internet
- R2. Todas son correctas

▼ P3. Las reseñas
- R3. Hay que gestionarlas y contestarlas lo antes posible
- R3. Son de vital importancia para tu marca y una oportunidad de acercamiento y transparencia hacia el usuario
- R3. Sirven para mejorar
- **R3. Todas son correctas**

▼ P4. Podemos conseguir un enlace directo a las reseñas de Google para que nuestros clientes puedan contar su experiencia de forma fácil
- **R4. VERDADERO**
- R4. FALSO

▼ P5. En los dispositivos móviles
- R5. La velocidad de carga es muy importante
- R5. Las páginas web deben adaptarse para facilitar la navegación y legibilidad en todo tipo de pantallas
- R5. De media, a nivel global, el número de visitas a páginas web han superado ya a las de escritorio
- **R5. Todas son correctas**

Capítulo 8

▼ P1. El informe general de audiencia de Google Analytics
- R1. Muestra el comportamiento de los usuarios entre nuestras páginas
- R1. Indica de qué canales procede el tráfico de nuestra web
- **R1. Muestra información general a cerca del tipo de usuarios y tráfico que recibe la página**
- R1. Todas son correctas

▼ P2. La configuración de las conversiones en GA
- R2. Nos permite crear objetivos que indiquen lo que ganamos con las ventas que ocurren en la web
- R2. Nos permite crear objetivos para saber cuántos usuarios y cuándo utilizan el formulario de contacto
- R2. Nos permite crear objetivos para medir las conversiones
- **R2. Todas son correctas**

▼ P3. En Google Search Console
- R3. Podemos ver las consultas que hacen los usuarios que provocan que nuestra página se muestre en los resultados de búsqueda
- R3. Podemos ver los enlaces entrantes a nuestro sitio web
- R3. Podemos enviar los sitemaps de nuestro sitio para que Google los tenga en cuenta y nos indique cuantas de esas páginas tiene indexadas
- **R3. Todas son correctas**

▼ P4. RankBox

- R4. Se distingue de las demás herramientas de seguimiento de posiciones en que nos muestra datos locales y no tiene mal precio
- R4. La he recomendado por ser la más económica de todas
- R4. Es una herramienta SEO de propósito general
- R4. Todas son correctas

▼ P5. SEOQuake

- R5. Es una barra de herramientas que instalamos en el escritorio y nos muestra datos SEO
- **R5. Es una barra de herramientas que instalamos en el navegador y nos muestra datos SEO de las páginas que consultamos**
- R5. Es de pago, pero muy económica
- R5. Todas son correctas

Capítulo 9

▼ P1. AMP

- R1. De Páginas Aceleradas para Móviles
- R1. Son un conjunto de reglas sobre los lenguajes de programación web con el objetivo de mejorar velocidad de carga de las páginas para dispositivos móviles
- R1. Se puede implementar en Wordpress
- **R1. Todas son correctas**

▼ P2 Los certificados SSL

- R2. Sirven para que no nos roben información
- R2. Sirven para evitar la suplantación de identidad
- R2. Se pueden adquirir de forma gratuita con Let's Encrypt
- **R2. Todas son correctas**

▼ P3. Para instalar un certificado SSL

- R3. Debes adquirir una IP propia obligatoriamente
- **R3. Lo adquieres y luego lo configuras en tu sitio web**

- R3. Es muy costoso y no merece la pena para los beneficios que aporta hoy por hoy
- R3. Todas son correctas

▼ P4. Los fragmentos destacados
- R4. Suponen una gran oportunidad para generar visibilidad y visitas
- R4. Son respuestas a preguntas específicas que hacen los usuarios en los buscadores que aparecen en la parte superior de forma destacada
- R4. Answer the Public es una herramienta ideal para encontrar las preguntas que hacen los usuarios en los buscadores
- **R4. Todas son correctas**

▼ P5. El contenido en formato de vídeo, ¿debe estar en esta lista que habla sobre tendencias SEO?
- **R5. VERDADERO**
- R5. FALSO

REFERENCIAS BIBLIOGRÁFICAS

- Jason McDonald Ph.D., (2016) SEO Fitness Workbook: The Seven Steps to Search Engine Optimization Success on Google.

- Jim Boykin y colaboradores en Internet Marketing Ninjas Blog. *www.internetmarketingninjas.com/blog*

- Tomás de Teresa, El blog de Tomás de Teresa. *deteresa.com*

- Chuiso, El blog de Chuiso. *chuiso.com*

- MOZ, The Moz Blog. *moz.com/blog*

- Ayuda de Google. *support.google.com*

- Daragh Walsh, SEO Checklist for New Websites & SEO Audits [26-Points for 2017]. *www.completedigitalmarketingcourse.com/seo-checklist*

- Amberd, In-depth On-Site SEO Checklist for 2018. *www.amberddesign.com/onsite-seo-checklist*

- Luis M. Villanueva, El blog de Luis M Villanueva. *luismvillanueva.com/blog*

- Tristán Elósegui, El blog de Tristán Elósegui. *tristanelosegui.com*

- Derek Skaletsky, How to Boost Your SEO by Using Schema Markup. *blog.kissmetrics.com/get-started-using-schema*

- Black Hat World, Black hat SEO Forum. *www.blackhatworld.com*

- Matt Cutts, Matt Cutts: Gadgets, Google, and SEO. *www.mattcutts.com/blog*

- Link Search Tools, blog. *www.linkresearchtools.com/case-studies*
- Matt Janaway, blog. *mattjanaway.co.uk/blog*
- RustyBrick blog. *www.rustybrick.com/blog*
- Formación avanzada en SEO:
- Ungagged *www.ungagged.com*
- Seopro *www.congresoseoprofesional.com*
- Dispara tus visitas *disparatusvisitas.com*

Cupón de descuento para el curso
DESCUENTOSEO17

Acceso al curso:

diegocmartin.com/curso-posicionamiento-seo/

MATERIAL ADICIONAL

El material adicional de este libro puede descargarlo en nuestro portal web: *http://www.ra-ma.es*.

Debe dirigirse a la ficha correspondiente a esta obra, dentro de la ficha encontrará el enlace para poder realizar la descarga. Dicha descarga consiste en un fichero ZIP con una contraseña de este tipo: XXX-XX-XXXX-XXX-X la cual se corresponde con el ISBN de este libro.

Podrá localizar el número de ISBN en la página IV (página de créditos). Para su correcta descompresión deberá introducir los dígitos y los guiones.

Cuando descomprima el fichero obtendrá los archivos que complementan al libro para que pueda continuar con su aprendizaje.

INFORMACIÓN ADICIONAL Y GARANTÍA

- ▼ RA-MA EDITORIAL garantiza que estos contenidos han sido sometidos a un riguroso control de calidad.

- ▼ Los archivos están libres de virus, para comprobarlo se han utilizado las últimas versiones de los antivirus líderes en el mercado.

- ▼ RA-MA EDITORIAL no se hace responsable de cualquier pérdida, daño o costes provocados por el uso incorrecto del contenido descargable.

- ▼ Este material es gratuito y se distribuye como contenido complementario al libro que ha adquirido, por lo que queda terminantemente prohibida su venta o distribución.

www.ingramcontent.com/pod-product-compliance
Lightning Source LLC
Chambersburg PA
CBHW082146230426
43672CB00015B/2851